"互联网+"时代高校商务英语专业创新与发展研究

林 蔚 欧 毅 高凤翔 ◎著

中国商业出版社

图书在版编目（CIP）数据

"互联网+"时代高校商务英语专业创新与发展研究 / 林蔚，欧毅，高凤翔著. -- 北京：中国商业出版社，2024.7. -- ISBN 978-7-5208-3022-5

Ⅰ．F7

中国国家版本馆CIP数据核字第 2024R38P55 号

责任编辑：郝永霞

策划编辑：佟　彤

中国商业出版社出版发行

（www.zgsycb.com　100053　北京广安门内报国寺1号）

总编室：010-63180647　编辑室：010-83118925

发行部：010-83120835/8286

新华书店经销

廊坊市源鹏印务有限公司印刷

787毫米×1092毫米　16开　13.75印张　223千字

2024年7月第1版　2024年7月第1次印刷

定价：68.00元

（如有印装质量问题可更换）

前　言

　　"互联网+"时代，教育与互联网新技术的结合越来越紧密。借助网络和多媒体辅助教学等先进技术手段，高校各学科专业建设协同发展。商务英语专业具有学科综合化、能力复合化和培养融合化的特点，主要培养具有国际视野和人文素养、能够进行跨文化交流的沟通写作的复合型、应用型人才。因此，探索富有创新特色的教学模式，提高学生的专业知识水平和生态文明素养相融合的复合能力是高校商务英语专业教学的必然要求。

　　当下，商务英语教学亟须根据市场需求和国际形势变化，调整人才培养目标，培养更多具有实战能力的人才。在商务英语的学习中，有一些理论性的知识比较枯燥，学生学习起来比较吃力，这就对教师对知识的传授和教学方式的选择提出了很大挑战。如何根据不同学生个体的能力水准进行针对性教学，采用多元化的教学理念，激发学生的学习积极性和主动性，是教师需要首先考虑的。

　　商务英语对实战性要求比较高，因此，在教学中应该增加实训类的课程，提升学生的实际操作水平和能力。比如，在课堂上使用VR仿真实验室，为学生营造一个谈判环境，制造一种身临其境的感觉，帮助学生提升学习能力。

　　为了更好地与国际接轨，在师资力量方面要培养更加专业的英语教师，还可以聘请一些拥有丰富实战经验的商务英语从业人员来上课，在教学的过程中分享更多不同的案例，更"接地气"。通过这些举措，打造一支高素质的专业师资团队。

　　本书是英语教学方向的书籍，主要研究"互联网+"时代商务英语专业创新与发展，探讨互联网技术对商务英语教学、学习和实践的影响，以及如何利用互联网资源进行商务英语教学和实践的创新。本书对商务英语教育工作者及相关行业人员均有一定的参考价值。

　　在本书撰写过程中，笔者得到了很多宝贵的建议，谨在此表示感谢；同时参阅了相关文献，在参考文献中未能一一列出，在此向相关文献的作者表示诚挚的感谢和敬意。由于作者水平有限，编写时间仓促，书中难免会有疏漏及不妥之处，恳请专家、同行不吝批评指正。

目 录

第一章　绪论

第一节　研究背景

商务英语专业是我国高校为适应经济全球化发展对国际商务领域人才的需求而设置的新兴交叉性应用型专业。商务英语专业培养目标与普通英语语言文学专业不同，《普通高等学校本科商务英语专业教学指南》指出："本专业旨在培养具有扎实的英语语言基本功和相关的商务专业知识，拥有良好的人文素养、中国情怀与国际视野，熟悉文学、经济学、管理学和法学等相关理论知识，掌握国际商务的基本理论与实务，具备较强的跨文化能力、商务沟通能力与创新创业能力，能适应国家与地方经济社会发展、对外交流与合作需要，能熟练使用英语从事国际商务、国际贸易、国际会计、国际金融跨境电子商务等涉外领域工作的国际化复合型人才。"

商务英语专业人才培养强调应用性和实践性，而要突出专业应用性与实践性，实践教学是其重要抓手。实践教学是为提升学习者的实践能力，促进学习者全面发展而开展的各项实践活动。商务英语专业实践教学是为提升商务英语专业学生的综合商务实践能力，促进学习者英语语言能力与商务技能的综合提升而开展的相关实践教学活动。商务英语专业实践教学与其实践性特征相吻合，是商务英语专业教学不可或缺的部分，也是实现商务英语专业人才培养目标的重要手段，对于培养当前我国经济社会发展需要的应用型、复合型国际商务人才具有重要意义。

在"互联网＋"时代，互联网技术与传统行业深度融合，对商务英语专业的发展产生了显著影响。随着互联网技术的发展和全球商业实践的变化，商务英语专业的学生不仅需要掌握传统的语言技能，还需要适应新的技术环境和媒体形式，以满足现代社会和职业市场的需求。

一、技术融合与新技能需求

随着互联网技术与商业实践的融合，商务英语专业人士不仅需要具备传统的语言能力，还需要对新技术和新媒体有一定的了解并具有一定的应用能力。技术融合与新技能需求在当代社会尤为显著，特别是在商业、教育等领域。这种融合主要表现在以下五个方面。

（一）数字技能的普及

当今世界，技术与日常生活和工作紧密结合，要求个人掌握基本的数字技能，如计算机操作、数据分析、网络应用等，这些技能对于适应现代工作环境至关重要。无论是在提高工作效率、促进沟通协作，还是在保护数据安全、促进个人职业发展方面，基本的数字技能都发挥着至关重要的作用。随着数字化进程的加快，这些技能的重要性只会进一步提升。数字技能的普及需要教育、政策、社会和技术创新等多方面努力，旨在为个人和社会适应快速变化的数字化世界提供支持。

（二）跨学科知识的重要性

随着技术的发展，不同领域之间的界限变得模糊。比如，市场营销专业人士现在需要了解数据分析，工程师需要具备一定的商业知识，而设计师则需要了解用户体验和技术实现，这些都要求专业人士具备跨学科的知识和技能。跨学科知识不仅在学术领域至关重要，也对个人能力的提升、社会问题的理解和解决以及经济和文化的发展具有深远的影响。跨学科知识在当代社会的重要性不容忽视，它不仅是学术研究的重要基础，也是促进个人全面发展、社会进步和文化繁荣的关键因素。

（三）新兴技术的掌握

新兴技术的掌握在当今快速发展的世界中变得越来越重要。这些技术正在重塑各行各业，包括商业、医疗、教育等，如人工智能、大数据、云计算、物联网等新兴技术正在改变行业格局。掌握这些技术的基础知识和应用能力，对于专业人士来说日益重要。当然掌握新兴技术不仅对个人职业发展至关重要，也对企业和整个社会的进步与发展起着决定性作用。因此，无论是在教育系统内，还是在职业培训和个人发展中，这些技术的学习和应用都应当受到重视。

（四）创新思维与问题解决能力

技术的快速发展带来了持续的变革，这要求专业人士具备创新思维和灵活的问题解决能力，能够适应并引领变化。创新思维与问题解决能力在当前的工作和学术环境中至关重要，特别是在快速变化和技术驱动的全球化世界中。创新思维和问题解决能力是现代职场和学术研究中不可或缺的关键技能，对于个人的职业成功和组织的持续发展都具有重要价值。

（五）终身学习的态度

终身学习的态度在当今快速变化和知识密集的社会中变得越来越重要。这种态度不仅是对个人职业发展的一种投资，也是适应不断变化的世界的必要条件。由于技术融合和新技能的需求不断演变，因此，终身学习成为必要。持续地自我提升和学习新知识、新技能对职业发展至关重要。终身学习的态度不仅对个人发展至关重要，也是现代社会中不可或缺的素质。鼓励和培养这种态度有助于促进个人成长、适应社会变化、促进创新以及在职业生涯中保持竞争力和相关性。

总之，为了适应和利用"互联网＋"时代的机遇，个人和组织需要不断更新知识体系、提升技能，以应对快速变化的工作环境和市场需求。通过这样的持续努力，可以更好地适应未来的挑战，抓住新的机遇。

二、全球化交流加速

互联网推动了全球化进程，使得商务交流更加频繁和国际化。全球化交流的加速是当代世界的一个显著特征，它影响着国际政治、经济、文化及社会结构的各个方面。互联网的发展大大推动了全球化进程，使得商务交流更加频繁和国际化，这对商务英语专业的学习者提出了更高的要求。全球化交流的加速对商务英语专业提出了新的挑战，要求学习者不仅要精通英语，还要具备广泛的跨文化交流能力和国际视野，以适应日益国际化的商务环境。

（一）信息技术的革命

互联网和移动通信技术的发展极大地促进了信息的全球流动。人们可以即时地获取世界各地的新闻、观点和数据，这使得信息交流更加迅速和广泛。

（二）经济一体化

全球化促进了国际贸易和投资的增长，国际市场更加紧密地联系在一起。这不仅促进了资源的全球分配,也加强了不同国家和地区间的经济互依性。

（三）文化交流的多样性

全球化带来了文化的交流和融合。不同文化背景的人们通过旅行、媒体、艺术等方式分享自己的文化,同时也接触和吸收其他文化。

（四）国际合作与问题解决

面对全球性挑战,如气候变化、环境保护、疫情控制等,国际社会需要加强更紧密的合作。全球化加速了这种合作,促进了共同解决问题的机制和平台的建立。

（五）教育和科研的国际化

教育和科研领域越来越国际化。学术交流、国际合作项目以及教育资源的全球共享成为常态,这促进了知识的全球传播和创新。

（六）劳动力的国际流动

随着全球化的发展,劳动力跨国流动也日益频繁。这不仅包括高技能劳动力,如科学家、工程师和管理人员,也包括低技能或非技能劳动力。

（七）政治和社会结构的变化

全球化影响了国家政治结构和社会组织。一方面,国际组织和跨国公司的影响力增强;另一方面,全球化也带来了一些社会问题,如不平等、文化身份的消融等。

全球化交流的加速同时带来了机遇和挑战,要求国家、企业和个人在这个多元和互联的世界中寻找适应和发展的路径。

三、在线教育与远程工作

"互联网+"时代促进了在线教育和远程工作的发展,这对商务英语的教学方法和工作方式提出了新的挑战和机遇。在线教育和远程工作是近年来特别受到关注的两个领域,它们在当代社会和经济生活中扮演着越来越重要的角色。

（一）在线教育

1.广泛的可及性

在线教育消除了地理位置的限制,使得更多人能够接触到高质量的教育资源。

2. 灵活性和便捷性

学习者可以根据自己的时间安排和学习节奏来选择课程和学习时间，提供了高度的灵活性。

3. 多样化的教学方式

在线教育采用视频讲座、互动讨论、虚拟实验室等多种教学方式，丰富了学习体验。

4. 终身学习和专业发展

在线教育支持终身学习的理念，为在职人士提供了继续教育和专业发展的机会。

5. 个性化学习路径

基于学习者的进度和兴趣，在线教育可以提供个性化的学习路径和推荐。

（二）远程工作

1. 工作地点的灵活性

远程工作允许员工在家或任何有互联网连接的地点工作，减少了通勤的时间和成本。

2. 工作与生活的平衡

远程工作提供了更大的时间灵活性，帮助员工更好地平衡工作和生活。

3. 全球化的人才库

企业可以突破地理限制，招聘全球范围内的优秀人才。

4. 节省成本

对于企业来说，远程工作可以减少办公室的空间和维护成本。

5. 技术依赖和挑战

远程工作高度依赖于可靠的互联网连接和有效的数字工具。因此，保持团队协作和组织文化也是挑战之一。

6. 安全性和隐私问题

远程工作需要确保数据安全和保护隐私，特别是在处理敏感信息时。

在线教育和远程工作的发展对于社会结构和个人生活方式产生了深远的影响，它们代表了现代社会和工作环境的重要趋势。

四、跨界融合的商业模式

新时代的商业模式越来越注重跨界融合，比如电商、在线服务等，这要求商务英语专业的人才能够适应多元化的业务环境。跨界融合的商业模式是现代商业环境中的一个显著趋势，这种模式通常需要将不同行业、技术或市场的元素结合起来，创造出新的价值和机会。

（一）技术与传统行业的融合

例如，互联网、人工智能、大数据等技术与零售、金融、制造等传统行业的结合，产生了电子商务、金融科技、智能制造等新兴领域。

（二）不同行业间的合作

例如，汽车行业与信息技术行业合作，推进智能汽车和自动驾驶技术的发展；或是医疗行业与人工智能的结合，推动精准医疗和远程医疗服务的发展。

（三）产品和服务的多元化

企业不再局限于单一产品或服务，而是通过跨界融合扩展其产品线来提供更加综合的解决方案。例如，一个科技公司可能同时提供硬件产品、软件服务和数据分析服务。

（四）用户体验的重构

跨界融合使企业能够从多个角度重构用户体验，创造更为个性化和高效的用户互动。例如，通过整合线上线下体验，提供更为丰富的购物体验。

（五）新商业模式的创造

跨界融合催生了许多新的商业模式，如共享经济、订阅服务、平台业务模式等，这些模式往往能更好地满足现代消费者的需求。

（六）可持续发展与社会责任

许多企业在跨界融合时考虑可持续发展和社会责任。例如，通过结合环保技术和传统制造业推动绿色生产和消费。

（七）数据驱动的决策

在跨界融合的商业模式中，数据扮演着核心角色，以帮助企业更好地了解市场和消费者，优化产品和服务。

跨界融合的商业模式不仅为企业提供了新的增长机会，也推动了行业创新和社会进步。随着技术的发展和市场的变化，这种融合趋势预计将继续扩大和深化。

五、文化交流与品牌国际化

"互联网+"时代的文化交流更为广泛，品牌国际化也日益增加。商务英语专业的学习者需要具备跨文化交际能力，帮助企业在国际市场上更好地沟通和定位。文化交流与品牌国际化是当今全球化时代的两个重要方面，它们在促进国际理解和商业成功方面发挥着关键作用。

（一）文化交流

1. 增强跨文化理解

文化交流活动，如艺术展览、国际电影节、学术会议等，促进了不同文化之间的理解和尊重。

2. 促进国际合作

通过文化交流，国家和民族之间可以建立更深层次的联系，有助于促进政治、经济和社会领域的国际合作。

3. 文化多样性的保护和推广

文化交流鼓励对各种文化传统的保护和尊重，同时也为文化多样性的传播和发展提供了平台。

4. 影响全球价值观和行为模式

随着文化交流的加深，全球公民意识和共同价值观逐渐形成，不断影响着人们的行为和决策。

（二）品牌国际化

1. 市场扩展

品牌国际化使企业能够进入新的市场，扩大其消费者基础和收入来源。

2. 品牌形象的全球统一与本地化

国际化的品牌需要在保持全球统一的品牌形象的同时，考虑到本地市场的特定需求和文化差异。

3. 跨文化市场营销策略

在不同国家和文化中推广品牌时，需要采用与当地文化相适应的营销策略，包括广告内容、产品定位和客户服务等。

4. 应对全球竞争

品牌国际化使企业能够在全球范围内与其他品牌竞争，这要求企业不断创新和提高效率。

5. 社会责任与可持续发展

国际化的品牌越来越重视社会责任和可持续发展，这不仅是对全球消费者责任感的体现，也是提升品牌价值和吸引力的重要因素。

文化交流和品牌国际化相辅相成，一方面，文化交流为品牌国际化提供了理解和适应不同市场的基础；另一方面，成功的品牌国际化也促进了文化交流和全球文化多样性的发展。

综上所述，"互联网+"时代为商务英语专业带来了新的机遇与挑战，要求商务英语专业教育和实践能够适应时代的变化，培养具备多元技能和国际视野的复合型商务人才。

第二节　研究目的

在"互联网+"时代，商务英语专业的研究目的具有多重层次，主要体现在以下六个方面。

一、适应全球化趋势

在"互联网+"时代，商务交流更加频繁和国际化，商务英语专业的发展不仅需要强化语言技能，还要求培养跨文化交流能力，以适应全球化的商务环境。这样的专业培养能够有效地帮助学生应对国际商务中的挑战和机遇。因此，商务英语专业的研究旨在培养能够适应这一趋势的专业人才，他们不仅要精通英语语言，还需具备跨文化交流的能力。

二、融合新技术

随着互联网和相关技术的发展，商务英语专业的研究需要将这些新技术融入课程和教学方法中。例如，通过在线学习平台提供课程，使用大数据分析市场趋势以及通过社交媒体进行国际市场营销。融合新技术对于保持竞争力、促进创新和改善生活质量至关重要。同时，也需要关注技术发展带来的挑战和影响，确保技术的持续发展与应用能够惠及社会的各个方面。

三、培养复合型人才

培养复合型人才是当今教育和职业发展的重要趋势。随着工作环境和社会需求的快速变化，复合型人才，即具备多种技能和知识背景的人才，越来越受到重视。当代的商务英语专业人才需要具备多种技能，包括语言能力、商业知识、技术应用能力等。研究的目的是培养能够跨界工作、适应多变商业环境的复合型人才。培养复合型人才需要综合不同领域的知识和技能，强调创新能力、适应性和领导力的培养，这样才能够更好地适应多变的工作环境，应对复杂的挑战，促进个人和组织的持续发展。

四、推动国际商务合作

在全球化背景下，企业之间的国际合作日益增多。商务英语专业的研究有助于学习者更好地理解和参与国际商务活动，促进不同国家和地区之间的商业合作。推动国际商务合作需要综合考虑市场研究、文化适应性、数字技术的运用、合规性和稳定的关系维护。通过这些策略，企业能够更好地适应全球化环境，把握国际商机。

五、提升文化理解与交流

提升文化理解与交流在全球化时代尤为重要，它有助于增进国际合作、减少误解和冲突以及促进多元文化的融合和尊重。商务英语专业不仅是语言学习，也是文化交流的重要渠道。因此，了解不同文化背景下的商务习俗和交流方式，对于开展国际业务活动至关重要。

六、创新商务交流模式

创新商务交流模式是适应快速变化的全球商业环境的关键。随着技术的发展和市场需求的变化，企业需要不断创新其交流方式，以提高效率、扩大影响力并建立更强的合作关系。"互联网+"时代提供了新的商务交流方式，如虚拟会议、在线谈判等。商务英语专业的研究目的之一是探索和创新这些新模式的有效运用。

综上所述，商务英语专业在"互联网+"时代的研究目的在于培养能够适应全球化趋势、掌握新技术、具备跨界能力的专业人才，同时推动国际商务合作，提升文化理解与交流以及创新商务交流模式。

第三节 研究内容与方法

在"互联网+"时代，商务英语专业的研究内容和方法也随着技术的进步和市场的变化而发生了变化，研究内容更加多元化，研究方法也更加依赖于现代技术。以下是一些关键点。

一、研究内容

（一）数字化商务交流

研究如何在数字平台上进行有效的商务交流，包括电子邮件、社交媒体、在线会议等。数字化商务交流是当代商业环境的一个重要特征，它涉及利用数字技术来进行商业信息的交换和管理。

①电子邮件和即时通信：电子邮件仍然是商务交流中最普遍的形式，而即时通信工具则提供了更快速的交流方式。

②社交媒体：社交媒体平台不仅用于个人社交，也成为企业品牌推广、客户沟通和职业网络构建的重要工具。

③在线会议：在远程工作和国际业务越来越普遍的今天，视频会议成为面对面会议的有效替代。

④协作平台：云基础的协作工具允许团队成员在不同地点共同编辑文档、管理项目和分享信息。

⑤客户关系管理（CRM）系统：帮助企业管理客户信息，跟踪销售管道并进行市场营销活动。

⑥企业资源规划（ERP）系统：用于整合公司内部的各种管理系统，实现资源优化配置。

⑦数字营销：包括搜索引擎优化（SEO）、内容营销、电子邮件营销、社交媒体营销等，都是现代企业不可或缺的商务交流策略。

⑧大数据分析：利用大数据技术分析市场趋势、消费者行为以及优化商业决策。

⑨移动应用：移动设备的普及使得通过手机应用进行商务交流变得越来越普遍，包括移动支付、移动 CRM 等。

⑩网络安全：在所有数字化商务交流中，保证数据和通信的安全是至关重要的。数字化商务交流不仅提高了效率和便捷性，而且改变了商业沟通的方式和范围。随着技术的不断发展，企业必须适应这些变化，以保持其竞争力和效率。

（二）跨文化交际能力

探索不同文化背景下的商务沟通方式，研究如何在多元文化环境中进行有效沟通。跨文化交际能力是在全球化和多元文化环境中成功沟通的关键能力，它涉及理解和尊重不同文化背景下的交流方式、行为习惯和价值观。

①文化意识：理解不同文化的基本特征和价值观，包括语言、宗教、社会习俗和行为准则。

②开放性和适应性：拥有开放的心态，愿意接受和适应不同的文化背景和观点。

③有效的沟通技巧：能够调整沟通方式以适应不同文化的需要，比如在不同文化中使用不同的语言表达和非语言沟通方式。

④语言能力：虽然英语通常被视为国际商务的通用语言，但掌握其他语言能大大增强跨文化交流的效果。

⑤情感智能：能够理解和尊重他人的感受，特别是在不同文化背景下的情感表达和反应。

⑥避免刻板印象和偏见：认识到个体差异，避免将个人经验或单一文化视角作为评价其他文化的标准。

⑦解决冲突的能力：在文化差异导致的误解或冲突中，能够有效地调节和解决问题。

⑧全球视角：拥有全球视角能够在更宽泛的背景下理解和分析文化差异带来的影响。

⑨尊重和包容：尊重不同文化的价值观和习俗，包容文化差异。

⑩持续学习和自我反思：跨文化交际是一个持续学习的过程，需要不断地自我反思和调整。

跨文化交际能力不仅在国际商务中至关重要，也对提升个人的全球竞争力和促进不同文化间的理解与和谐具有重要意义。随着世界日益多元化发展，这一能力变得越来越重要。

（三）商业写作与报告

专注于商业报告、提案、市场分析报告等商务文档的编写技巧。商业写作与报告是专业沟通中的重要组成部分，在确保信息准确传达和维护专业形象方面发挥着关键作用。以下是商业写作与报告的几个关键要素。

①清晰和简洁：商业文档应该直截了当，避免不必要的复杂性和冗长，信息应该组织得清楚、易于理解。

②专业格式和结构：使用适当的格式和结构，这可能包括标题、摘要、引言、正文、结论和附件等。

③目标受众：理解并考虑目标受众的需求和期望，不同的受众可能需要不同风格和深度的信息。

④准确性：确保提供的信息准确无误，包括事实、数据和引用。

⑤逻辑性：论据应该连贯和有逻辑性，以便于读者跟随作者的思路。

⑥正式和专业的语言：使用正式和专业的语言，避免使用俚语或非正式表达。

⑦图表和视觉辅助：使用图表、图像和其他视觉辅助工具来增强信息的传达和吸引读者的注意。

⑧编辑和校对：完成初稿后，重要的是要进行彻底的编辑和校对，以避免语法错误和打字错误。

⑨文化敏感性：在国际环境中，需要注意文化差异，以确保内容和表达方式适合不同文化背景的读者。

⑩反馈和改进：从读者的反馈中学习，不断改进写作技巧和报告的质量。

商业写作和报告不仅是传递信息的工具，也是展示个人或组织专业性和可靠性的机会。在快速变化的商业环境中，有效的商业写作和报告技巧对于成功的沟通至关重要。

（四）国际市场营销策略

研究如何利用英语进行国际市场的分析和营销，包括品牌国际化、市场趋势分析等。国际市场营销策略是企业在全球市场上成功运营的关键。这些策略需要考虑多种文化、法律和经济因素，以适应不同国家和地区的市场需求。以下是国际市场营销策略的一些重要方面。

①市场研究与分析：在进入任何新市场之前，进行深入的市场研究和分析是至关重要的。这包括了解目标市场的文化、消费者行为、市场趋势和竞争环境。

②文化适应性：考虑到不同国家和文化的特点，营销策略需要进行本地化调整。这可能涉及产品的修改、广告语言的调整和促销活动的本地化。

③品牌定位：在国际市场上，品牌需要清晰的定位。这可能涉及强调品牌的全球形象或强化其在特定市场中的本地相关性。

④价格策略：考虑到不同国家的购买力和货币价值，合适的定价策略对于国际市场至关重要。

⑤分销渠道选择：根据不同国家的市场结构选择合适的分销渠道，包括直接销售、在线销售、利用合作伙伴关系销售或通过当地分销商销售。

⑥数字营销：利用社交媒体、搜索引擎优化（SEO）、内容营销等数字营销工具在国际市场上建立品牌知名度。

⑦合规和法律因素：遵守不同国家和地区的法律法规，包括广告法规、数据保护法律和进出口规定。

⑧多语言沟通：在营销材料和客户服务中使用多种语言，以更好地与不同国家的消费者沟通。

⑨社会责任和可持续性：顾客越来越关注企业的社会责任和可持续发展实践，在营销策略中体现这些价值观可以提升品牌形象。

⑩灵活性和适应性：国际市场是不断变化的，企业需要具备灵活性和适应性，以快速响应市场变化和挑战。

国际市场营销策略需要综合考虑各种因素，从而确保在不同的国际环境中获得成功。

（五）商务谈判技巧

探讨在不同文化和语言环境中的商务谈判策略和技巧。商务谈判是商业活动中至关重要的一环，它不仅要求技巧和策略，还需要良好的沟通和人际关系能力。

①充分准备：在谈判之前，需要对相关事项进行彻底研究，了解对方的背景、需求和底线，准备好自己的目标、策略和可能的让步点。

②建立关系：在正式进入谈判之前，与对方建立良好的关系，这有助于建立信任并更容易达成共识。

③有效的沟通：清晰、直接地表达自己的观点和需求，同时也作为一个倾听者，理解对方的立场和需求。

④强调共赢：寻找双方都能接受的解决方案，强调谈判结果的共赢性质，而不是采取零和游戏的态度。

⑤灵活性和适应性：在谈判过程中保持灵活和开放的态度，适应谈判的进展和可能出现的新信息。

⑥情感控制：保持冷静和专业，即使在压力或挑战面前也不失控制。情感智慧在谈判中非常重要。

⑦使用沉默：适时的沉默可以是一个强有力的谈判工具，它可以给予对方思考的空间，也可以作为一种压力策略。

⑧注意非语言信号：注意和解读非语言信号，如肢体语言和面部表情，这些往往可以透露出对方的真实感受和意图。

⑨备有备选方案：拥有备选方案，以便在原始谈判未能达成协议时有其他出路。

⑩尊重和礼貌：在整个谈判过程中保持尊重和礼貌，即使谈判结果不如预期也能保持良好的职业关系。

⑪记录和确认：谈判完成后，确保所有的协议和条件都被明确记录下来并由双方确认。

成功的商务谈判需要综合运用多种技巧，同时也需要根据具体情况和谈判对象的不同进行适当的调整。

（六）互联网技术在商务中的应用

研究互联网技术如何影响商务活动，包括电子商务、在线支付系统、供应链管理等。互联网技术在商务中的应用已经深刻改变了现代商业的面貌。以下是一些关键的应用领域。

①电子商务：利用互联网销售产品和服务，包括 B2B（商家对商家）、B2C（商家对消费者）和 C2C（消费者对消费者）模式。电子商务平台如亚马逊、阿里巴巴为用户提供了一个广阔的市场。

②数字营销：使用互联网进行品牌推广和产品营销，包括搜索引擎营销（SEM）、内容营销、社交媒体营销和电子邮件营销。

③云计算：通过云服务提供商提供的服务，企业可以访问存储、计算能力和其他 IT 资源，从而降低成本、提高效率和灵活性。

④大数据分析：利用大数据技术分析消费者行为、市场趋势和运营效率，以指导决策的制定。

⑤移动商务：利用智能手机和平板电脑等移动设备进行商务活动，如移动支付、移动银行和移动购物。

⑥社交媒体管理：使用社交媒体平台与客户互动，建立品牌形象，获

取市场反馈。

⑦供应链管理：利用互联网技术优化供应链操作，如实时追踪库存和订单、自动化供应链流程。

⑧远程工作：互联网使得远程工作成为可能，使用各种在线协作工具可以高效地进行团队合作。

⑨客户关系管理（CRM）系统：使用CRM系统来管理与客户的关系，包括销售管理、客户服务和市场营销。

⑩网络安全：在商务活动中，保护企业和客户的数据安全成为至关重要的事项，包括使用加密技术、防火墙和反病毒软件。

⑪在线培训和教育：利用在线平台进行员工培训和专业发展，包括企业外部和企业内部的在线培训系统。

互联网技术的应用使得商务活动更加高效、灵活和个性化，同时也带来了新的挑战，如数据安全和隐私保护等。随着技术的不断进步，其在商务中的应用将继续扩展和深化。

（七）法律与伦理问题

研究国际商务活动中的法律问题和伦理挑战，如版权、隐私保护、跨国法律冲突等。在商业环境中，法律与伦理问题是至关重要的考虑因素，它们不仅影响企业的运营和声誉，也关系到其对客户、员工和社会的责任。以下是一些关键的法律与伦理问题。

法律问题主要包括以下几个方面。

①合规性：遵守所有相关法律和规章，包括但不限于公司法、税法、劳动法、竞争法和知识产权法。

②合同法：在商业交易中，合同的遵守是法律的基本要求，涉及合同的创建、履行和违约等问题。

③数据保护和隐私法：在处理客户和员工数据时，必须遵守数据保护法律。

④国际贸易法：对于跨国公司而言，遵守不同国家的法律规定是必需的，包括出口控制、关税和国际贸易协议。

⑤知识产权：保护自己的知识产权同时尊重他人的版权、商标、专利和商业秘密。

伦理问题主要包括以下几个方面。

①诚信和透明度：在所有业务活动中保持诚信，包括诚实的财务报告、透明的运营实践和公正的市场行为。

②社会责任：企业应承担社会责任，包括对环境的保护、对社区的贡献和可持续发展实践。

③员工权益：尊重员工的权益，提供公平的工作条件，防止被歧视和骚扰。

④消费者权益：保护消费者权益，提供安全和高质量的产品或服务，不能进行误导性的营销或广告。

⑤利益冲突：识别并妥善处理可能的利益冲突，以确保决策的公正性和客观性。

⑥企业治理：实施有效的企业治理实践，确保管理层的责任和问责制。

遵循法律和伦理标准不仅有助于避免法律风险和负面影响，也是建立和维持企业信誉、客户信任和员工忠诚度的关键。在日益复杂的全球商业环境中，企业需要不断地更新和强化其法律和伦理实践。

二、研究方法

（一）案例研究

通过分析具体的商务案例，了解实际商务活动中的语言使用和交流策略。案例研究是一种深入研究特定的实例、组织、事件或现象以提取洞见和教训的研究方法。在商业、法律、医学和社会科学等多个领域中，案例研究都是一种常见的研究工具。以下是进行案例研究的关键步骤和要素。

1. 选择案例

目标明确：确定研究的目的和要解决的问题。

案例选择：根据研究目的选择具有代表性或独特性的案例。

2. 数据收集

多源数据：收集来自多个来源的数据，包括文档、档案记录、访谈、观察、实地考察和物理制品等。

深度访谈：与案例相关的个人进行深度访谈，获取第一手信息。

3. 数据分析

组织数据：对收集的数据进行整理和分类。

识别模式和主题：在数据中寻找重复出现的模式、主题或理论。

4. 结论与建议

洞见提炼：根据数据分析得出结论，提炼洞见和学习点。

策略建议：提出基于案例研究的策略建议和行动方案。

5. 报告撰写

结构清晰：案例研究报告应包括引言、背景信息、案例描述、分析和结论等部分。

故事讲述：以引人入胜的方式讲述案例故事，增强报告的可读性。

6. 评估

反思与批判：对案例研究过程和结果进行反思，识别任何偏见或局限性。

后续研究：提出后续研究的方向或需要进一步探索的问题。

案例研究不仅能提供对实际问题的深入理解，还能作为决策支持和策略制定的有力工具。通过研究特定案例，研究者可以提取出广泛应用的原则和策略。

（二）实证研究

实证研究是一种基于观察和实验来收集数据和证据的研究方法，它在许多学科中都是核心的研究方法，特别是在自然科学、社会科学和医学领域。实证研究的关键在于通过实际的数据来验证或反驳假设和理论。以下是进行实证研究的几个关键步骤。

1. 定义研究问题

明确研究目标：确定研究将解决的具体问题或测试的假设。

文献回顾：通过回顾相关的文献，了解已有的研究成果和理论。

2. 设计研究

选择研究方法：决定使用定性研究、定量研究，还是两者相结合的方法。

样本选择：确定研究的样本或数据源。

确定数据收集方法：决定如何收集数据，如调查问卷、实验、观察或使用现有数据。

3. 数据收集

收集数据：根据设计的研究方法收集数据。

确保数据质量：确保数据的准确性和可靠性。

4. 数据分析

数据处理：对收集的数据进行整理和预处理。

统计分析：使用统计方法分析数据、测试假设。

5. 解释结果

分析结果：根据数据分析的结果解释发现的意义。

讨论与结论：讨论结果对理论和实践的意义，并得出结论。

6. 报告撰写

撰写研究报告：报告应包括研究问题、方法、结果和结论。

讨论：讨论研究的局限性、意义和可能的未来研究方向。

7. 伦理考虑

确保伦理：特别是在涉及人类参与者的研究中，确保遵守伦理标准和法律规定。

实证研究的关键在于它基于实际的观察和实验数据，而不仅仅是理论或推测。这种方法使研究者能够更精确地验证理论和假设，并为科学和实践领域提供实用的见解。

（三）在线课程与远程教学

在线课程和远程教学已经成为现代教育体系的重要组成部分，特别是在互联网技术迅速发展的背景下。以下是在线课程和远程教学的几个关键方面。

1. 在线课程

内容访问性：学生可以随时随地访问课程内容，提供了极大的灵活性和便捷性。

多媒体教学资源：在线课程通常结合视频讲座、互动模拟、讨论板和数字化阅读材料等多种教学资源。

个性化学习路径：学生可以根据自己的学习速度和兴趣进行学习，许多平台还提供了个性化推荐和自适应学习计划。

广泛的课程选择：在线学习平台提供了从基础课程到高级专业课程的广泛选择。

全球化教育：在线课程使得来自世界各地的学生都能接触到优质的教育资源。

2. 远程教学

实时互动：远程教学通常包括实时的视频讲座和讨论，使教师和学生能够实时互动。

灵活的教学模式：教师可以使用多种工具和方法进行教学，如直播、预录视频、在线作业和评估等。

学生参与度：通过在线讨论、群组项目和互动式问答来提高学生的参与度和参与感。

技术支持和培训：对教师和学生提供必要的技术支持和在线教学工具的培训。

评估和反馈：利用在线测试、作业提交和即时反馈工具进行学生评估。

3. 挑战

技术需求：需要可靠的互联网连接和适当的设备。

学生参与和动机：在缺乏面对面互动的环境中保持学生的参与度和动机可能是一个挑战。

教学质量保证：确保在线教学的质量与传统教室教学相当。

数据隐私和安全：保护在线教学平台上的学生和教师信息。

在线课程与远程教学为教育提供了新的可能性，打破了地理和物理限制，但同时也带来了新的挑战和需求。随着技术的不断进步，这些教育形式将不断发展和完善。

（四）跨学科融合

跨学科融合是指不同学科领域之间的知识、方法论和技术的结合，以创造新的理解、解决方案和创新。这种融合在解决复杂问题和推动科学、技术、艺术和人文等领域的进步中发挥着至关重要的作用。以下是跨学科融合的几个关键方面。

1. 促进创新

新视角的引入：通过结合不同学科的观点和方法，可以提供新的见解和解决方案。

复杂问题的解决：当今世界面临的许多挑战，如气候变化、公共卫生、城市化等需要多学科的知识和技能共同解决。

2. 实现协同效应

知识和技能的互补：不同学科的专长和技能互相补充，产生协同效应。

整合资源：跨学科项目可以整合来自不同领域的资源和资金，提高研究的效率和影响力。

3. 教育和培训

跨学科课程：在教育体系中引入跨学科课程，帮助学生培养综合思考和解决问题的能力。

终身学习的促进：跨学科融合鼓励个人持续学习新知识，适应快速变化的世界。

4. 促进社会和文化的发展

文化交流：艺术、文学和人文学科与科技、社会科学的融合，促进了文化和社会的创新。

公共政策的制定：结合经济学、政治学、社会学和其他学科的知识制定出更有效的公共政策。

5. 挑战

交流障碍：不同学科间存在术语和概念上的差异，可能导致交流障碍。

评估和奖励系统：学术界和研究机构需要适应跨学科研究的评估和奖励体系。

跨学科融合的目标是通过整合不同领域的知识和技能，推动更广泛和深入的理解，解决复杂问题并促进社会和科技的进步。随着科学和社会的发展，跨学科融合将继续扩大其重要性和影响。

（五）参与实际项目

参与实际项目是一个重要的学习和发展过程，无论是在学术研究、职业培训方面，还是在个人成长方面。实际项目的参与可以提供实践经验，加深理解，促进技能发展，同时还可以增强个人简历的吸引力。

1. 学习与发展

实践经验：实际项目提供了将理论知识应用于现实世界情境的机会，这种经验是单纯的课堂学习无法替代的。

技能提升：参与项目可以帮助发展专业技能，如项目管理、团队协作、时间管理和技术技能。

解决问题能力：通过处理实际项目中遇到的挑战可以提高解决问题和创新的能力。

2. 职业发展

职业网络构建：实际项目通常涉及与业界专家和同事的合作，有助于建立职业网络。

市场需求的理解：参与实际项目有助于更好地理解市场需求和行业趋势。

简历增强：实际项目经验是简历上的亮点，显示出了应聘者的实践能力和主动性。

3. 社会贡献

社会影响：许多实际项目旨在解决社会问题或提供创新解决方案，参与其中可以为社会作出贡献。

可持续发展：参与环境保护、社会创新等项目，有助于推动可持续发展。

4. 个人成长

自我认知：参与实际项目可以帮助个人更好地了解自己的兴趣和职业倾向。

自信心和动力：成功地贡献和完成项目任务可以增强个人的自信心和动力。

5. 挑战

时间管理：在学习或工作之余参与项目可能需要有效的时间管理技能。

资源限制：实际项目可能面临资源和资金的限制。

团队协作：需要与团队成员进行有效沟通和协作。

参与实际项目是一个多方面的成长过程，提供了宝贵的学习、职业和个人发展机会。通过参与这些项目，个人可以应用和增强自身技能，同时为社会作出积极贡献。

（六）技术工具的使用

在当今的商业和学术环境中，技术工具的使用变得越来越重要。它们提高了工作效率，增强了数据分析能力，并促进了信息的共享和沟通。以下是一些常见的技术工具类型及其应用。

1.数据分析和处理

Microsoft Excel：用于数据整理、分析和可视化。其功能包括数据排序、筛选、公式计算、图表制作等。

统计软件：如SPSS、R、Python，用于更复杂的数据分析，包括统计测试、预测建模、数据挖掘等。

2.项目管理

Trello、Asana、Jira：用于项目规划、任务分配、进度追踪和团队协作。

Microsoft Project：专业的项目管理软件，适用于复杂项目的规划和管理。

3.协作和沟通

Slack、Microsoft Teams：用于团队沟通和文件共享，支持即时消息、视频会议和项目协作。

Zoom、Skype、Google Meet：用于在线会议和远程沟通。

4.文档处理和办公自动化

Microsoft Office套件：包括Word、PowerPoint、Outlook等，用于文档编写、报告制作和邮件管理。

Google Workspace（原G Suite）：提供文档、表格、演示文稿等在线协作工具。

5.客户关系管理（CRM）

Salesforce、HubSpot：用于管理客户信息、销售跟踪和市场营销活动。

6.设计和创意

Adobe Creative Suite：包括Photoshop、Illustrator、InDesign等，用于图形设计、视频编辑和创意内容制作。

Canva：简化的设计工具，用于快速制作图形和演示文稿。

7.网络安全和备份

防病毒软件：如Norton、McAfee，用于保护计算机不受病毒和恶意软件的侵害。

云存储服务：如Dropbox、Google Drive，用于数据备份和云端存储。

8.网站和电子商务

WordPress、Shopify：用于创建和管理网站或电子商务平台。

SEO工具：如Google Analytics、SEMRush，用于网站流量分析和搜索

引擎优化。

通过熟练使用这些技术工具，个人和组织可以提高工作效率，更有效地管理项目和数据，促进团队协作和沟通。随着技术的不断发展，掌握新兴工具和平台也成为必要的技能。

在"互联网+"时代，商务英语专业的研究内容和方法不断发展，以适应日益变化的商业环境和技术进步。通过这些研究，旨在培养具备高度专业知识和技术能力的商务英语人才。

第二章 "互联网＋"时代高校商务英语专业发展概况

第一节 "互联网＋"时代的教育与高等教育面临的机遇和挑战

一、"互联网＋教育"的核心与本质

（一）"互联网＋"的内涵与特征

通俗地说，"互联网＋"就是"互联网＋各个传统行业"，但这并不是简单的两者相加，而是利用信息通信技术以及互联网平台，让互联网与传统行业进行深度融合，创造出新的发展生态。这相当于给传统行业加一双"互联网"的翅膀，然后助飞传统行业。具体而言，如"互联网＋金融"，由于与互联网的相结合，诞生了很多普通用户触手可及的理财投资产品；又如"互联网＋医疗"，传统的医疗机构由于互联网平台的接入，使得人们在线求医问药成为可能。这些都是最典型的"互联网＋"的案例。总体来说，"互联网＋"具有以下六大特征。

一是跨界融合。所谓"＋"，本身就意味着跨界、意味着变革、意味着开放、意味着重塑融合。敢于跨界了，创新的基础就更坚实；融合协同了，群体智能才会实现，从研发到产业化的路径才会更垂直。融合本身也指代身份的融合、客户消费转化为投资、伙伴参与创新等，不一而足。

二是创新驱动。中国粗放的资源驱动型增长方式早就难以为继，必须转变到创新驱动发展这条正确的道路上来。这正是互联网的特质，用互联网思维来求变、自我革命，更能发挥创新的力量。

三是重塑结构。信息革命、全球化、互联网已打破原有的社会结构、经济结构、地缘结构、文化结构；权力、议事规则、话语权不断在发生变化；"互联网＋"社会治理、虚拟社会治理与以往的社会治理具有很大的不同。

四是尊重人性。人性的光辉是推动科技进步、经济增长、社会进步、文化繁荣的最根本的力量，互联网力量之强大最根本的来源于对人性的最大限度的尊重、对人的体验的敬畏、对人的创造性发挥的重视。例如，卷入式营销、分享经济等。

五是开放生态。关于"互联网＋"，生态是非常重要的特征，而生态的本身就是开放的。推进"互联网＋"，其中一个重要的方向就是要把过去制约创新的环节卸掉，把孤岛式创新连接起来，让研发由人性决定的市场驱动，让创业人的努力者有机会实现价值。

六是连接一切。连接是有层次的，连接性是有差异的，连接的价值是相差很大的，但是连接一切是"互联网＋"的目标。

（二）"互联网＋教育"的核心与本质

一所学校、一位教师、一间教室，这是传统教育。一个网络、一个移动终端，几百万学生，学校任你挑、教师由你选，这就是"互联网＋教育"。在教育领域，面向中小学、大学、职业教育、IT培训等多层次人群开放课程，可以足不出户在家上课。"互联网＋教育"的结果，将会使未来的一切教与学活动都围绕互联网进行，教师在互联网上教，学生在互联网上学；信息在互联网上流动，知识在互联网上成型；线下的活动成为线上活动的补充与拓展。

"互联网＋教育"不只是影响创业者，还有一些平台能够实现就业的机会。在线教育平台提供的职业培训能够让一批人实现技能的培训，而自身创业就能够解决就业。互联网成为教育变革的一大契机，但是它只是对传统教育的升级，其目的不是颠覆教育，更不是颠覆当前学校的体制。基于此，"互联网＋教育"的核心和本质就是基于信息技术，实现教育内容的持续更新、教育模式的不断优化、学习方式的连续转变以及教育评价的日益多元。

1."互联网＋教育"：教育内容的持续更新

"互联网＋课程"，不仅产生网络课程，更重要的是它让整个学校课程从组织结构到基本内容都发生了巨大变化。具有海量资源的互联网的存在，使得高等院校各学科课程内容全面拓展与更新，适合学生的诸多前沿知识能够及时地进入课堂，成为学生的精神食粮，让课程内容艺术化、生活化也变成现实。通过互联网，学生获得的知识之丰富和先进，完全可能超越教师。除了对必修课程内容的创新，在互联网的支持下，各类选修课程的开发与应用也变得天宽地广，越来越多的学校能够开设上百门的特色选修课程，诸多从前想都不敢想的课程如今都成了现实。

2. "互联网＋教育"：教学模式的不断优化

"互联网＋教学"，形成了网络教学平台、网络教学系统、网络教学资源、网络教学软件、网络教学视频等诸多全新的概念。由此，不但帮助教师树立了先进的教学理念，改变了课堂教学手段，大大提升了教学素养，而且更令人兴奋的是传统的教学组织形式也发生了革命性的变化。正是因为互联网技术的发展，以先学后教为特征的"翻转课堂"才真正成为现实。同时，教学中的师生互动不再流于形式，通过互联网完全突破了之前课堂上的时空限制。学生可以随时随地随心地与同伴沟通，与教师交流。在互联网天地中，教师的主导作用达到了最新高度，教师通过移动终端，能即时地给予学生点拨指导。同时，教师不再居高临下地灌输知识，更多的是提供资源的链接，实施兴趣的激发，进行思维的引领。由于随时可以通过互联网将教学的触角伸向任何一个领域的任何一个角落，甚至可以与远在千里之外的各行各业的名家能手进行即时视频聊天，因此，教师的课堂教学变得更为自如，手段也更为丰富。当学生在课堂上能够获得他们想要的知识，能够见到自己仰慕的人物，能够通过形象的画面和声音解开心中的各种疑惑，可以想象，他们对于这一学科的喜爱将是无以复加的。

3. "互联网＋教育"：学习方式的连续转变

"互联网＋学习"，创造了如今十分红火的移动学习，但它绝对不仅仅是作为简单的随时随地可以学习的一种方式而存在的概念，它代表的是学生学习观念与行为方式的转变。通过互联网，学生学习的主观能动性得以强化，他们在互联网世界中寻找到学习的需求与价值，寻找到不需要死记硬背的高效学习方式，寻找到可以解开他们诸多学习疑惑的答案。研究性学习倡导多年，一直没能真正得以应用和推广，重要的原因就在于它受制于研究的指导者、研究的场地、研究的资源、研究的财力物力等，但随着互联网技术的日益发展，这些问题基本都能迎刃而解。在网络的天地里，学生对研究对象可以轻松地进行全面的、多角度的观察，也可以对相识与陌生的人群做大规模的调研，甚至可以进行虚拟的科学实验。

当互联网技术成为学生手中的利器时，学生才能真正确立主体地位，摆脱学习的被动感，自主学习才能从口号变为实际行动。大多数学生都将有能力在互联网世界中探索知识，发现问题，寻找解决问题的途径。

"互联网+学习"对于教师的影响同样是巨大的，教师远程培训的兴起完全基于互联网技术的发展，而教师终身学习的理念也在互联网世界里变得现实。对于大多数使用互联网的教师来说，他们十分清楚自己曾经拥有的知识在以怎样的速度锐减老化，也真正懂得"弟子不必不如师，师不必贤于弟子"的道理。互联网不但改变着教师的教学态度和技能，同样也改变了教师的学习态度和方法。他们不再以教师的权威俯视学生，而是真正蹲下身子与学生对话，成为学生的合作伙伴，与其共同进行探究式学习。

4. "互联网+教育"：教育评价的日益多元

"互联网+评价"，这就是另一个热词——"网评"。在教育领域，网评已经成为现代教育教学管理工作的重要手段。学生通过网络平台对教师的教育教学进行评价，教师通过网络途径对教育行政部门及领导进行评价。而行政机构也通过网络大数据对不同的学校、教师的教育教学活动及时进行相应的评价与监控，确保每个学校、每位教师都能获得良性发展。换句话说，在"互联网+"时代，教育领域里的每个人都是评价的主体，同时也是评价的对象，而社会各阶层也将更容易通过网络介入对教育的评价。此外，"互联网+评价"改变的不仅是上述评价的方式，更大的变化还有评价的内容或标准。例如，在传统教育教学体制下，教师的教育教学水平基本由学生的成绩来体现；而在"互联网+"时代，教师的信息组织与整合、教师教育教学研究成果的转化、教师积累的经验通过互联网获得共享的程度等都将成为教师考评的重要指标。

总之，"互联网+"被纳入国家战略的顶层设计，意味着"互联网+"时代的正式到来，教育工作者只有顺应这一时代变革，持续不断地进行革命性的创造变化，才能走向新的境界和高度。

二、"互联网＋"给我国高等教育带来的机遇

随着工业社会向信息社会的过渡转型，国际化和信息化已经成为高等教育发展的必然趋势。特别是"互联网＋"时代的到来以及最近几年大规模公开在线课程的广泛兴起，正在引发世界范围内高等教育格局的竞争与变革。在这种背景下，中国高等教育的发展方式正在全面转型，而这种转型也给中国高等教育带来了更多的机遇。

（一）"互联网＋"让高等教育从封闭走向开放

"互联网＋"打破了权威对知识的垄断，让教育从封闭走向开放，使得优质的教育资源不再局限于少数的名校之中，人们不分国界、老幼都可以通过网络接触到最优质的教育资源。在全球开放的时代下，正在加速形成一个基于全球性的知识库，通过互联网，人们可以随时随地地从这个知识库中获取各国各地区优质的学习资源。

在我国，教育尤其是高等教育的质量具有较大的差距。进入高校之前，虽然城市之间与城乡之间不可避免地会出现师资力量的差距，但是由于总体上大家接受的都是基本一样的标准化教育，相互之间的差距并不是非常明显。但是高等教育却与之不同，同一个专业在不同的学校所开设的课程是不一样的，培养手法也是不一样的；再加上学校开设课程时间的长短以及教师对于课程方面研究的程度、课程解读的不同，都会造成不同的效果。

（二）"互联网＋"降低了学生接受高等教育的成本

互联网极大地放大了优质教育资源的作用和价值，从传统教育中一位优秀教师只能服务几十名学生扩大到能服务几千名甚至数万名学生，使得大学教师能够从繁重的教学任务中解脱出来。另外，互联网联通一切的特性让跨区域、跨行业、跨时间的合作研究成为可能，这也在很大程度上规避了低水平的重复，避免教师一年又一年重复的教学讲解。

（三）"互联网＋"改变了高等教育的教学模式并加速了教育的自我进化

通过互联网，使得教师和学生的界限不再泾渭分明，改变了传统的"以教师为中心"的授课形式，使其转变成"以学生为中心"的形式。在"校校通、班班通、人人通"的"互联网＋"时代，学生获取知识已变得非常快捷，师生间知识量的天平并不必然偏向教师，教师必须调整自身定位，让自己成为

学生学习的伙伴和引导者。

在"互联网+"时代，可利用大数据分析学生的特点，准确分析学生的兴趣爱好、认知水平、接受能力等，然后在此基础上因材施教。因此，利用大数据进行学生特性的分析，然后为学生提供相应的教学能够更为有效地提升学生的学习效果。现在为了满足学生的需要，互联网为学生提供多种学习模式，如体验式学习、协作式学习及混合式学习等模式。其中最具特点的是4A学习模式，即学生可以在任何时间、在任何地点、以任何方式、从任何人那里学习，这也在一定程度上体现了我国培养学生尤其是大学生自主学习的理念。

传统教育体系中包括教育对象和教育环境两大体系。教育对象指的是学生，而教育环境则包括了学习主体以外的周围的事物，如教师、教学内容、教学条件等。在传统的教学系统中，出发点和落脚点在于考试和升学，对于人的发展则关注得比较少，因此，我国的学生在经过反反复复地打磨后成了一个个标准的"产品"，个体之间缺少差异性。英国著名教育理论家怀特提出，学生是有血有肉的人，教育的目的是激发和引导他们的自我发展之路。也就是说，教育的核心是要充分调动人的主体意识，使其在学习、发展过程中变"被动"为"主动"，产生积极主动的心理，从而提高自身的认知水平和学习效率。而互联网时代则正好强调的是主动性和创新性，通过提升学生的主动性来提升教育的能力。

首先，当"互联网+"进入现有的教育体系之后，打破了原有的教育体系的平衡，敲开了教育原本封闭的大门，为传统的教育体系提供了新的知识信息源泉，使得原有的学生子系统能够更为快捷和方便地与外部的大系统进行知识的交互、获取信息，因此，推动了自身知识的增长，从而推动教育的自我进化。其次，互联网的虚拟环境能够为学生创造一个拟真世界，学生能够利用互联网从三维的视角去认知、探索世界，通过网络中的拟真世界进行相应的一些实践，并随时根据网络的信息更新知识，如管理专业的学生能够通过网上进行沙盘模拟获知与企业运营相关的知识等，由此加强学生的实践操作能力。

随着"互联网+"时代的来临，高等教育正进入一场基于信息技术的更伟大的变革中。"互联网+"打破了权威对知识的垄断，让教育从封闭走向开放，极大地放大了优质教育资源的作用和价值，改变了高等教育的教学模式，加速了教育的自我进化。

三、"互联网+"给我国高等教育带来的挑战

进入21世纪，互联网的广泛应用和普及对人类文明和社会进步带来的巨大冲击，促进了人类学习方式、方法和习惯的改变。随着"互联网+"时代的到来，我国高等教育必将面临新的挑战。

（一）"互联网+"使高等教育面临市场化的冲击

长期以来，大学一直被认为是知识和学习的中心。其间，尽管科技手段带来了巨大的社会变革，如电报、电话、无线电、电视机和计算机等的发明和使用，但大学生产和传播知识、评价学生的基本方式一直未变。有一种观点认为，正像那些以信息为核心的产业（如新闻媒体、音乐、动画和电视等）一样，高等教育很容易受到科技的破坏性影响。知识的传播已不局限于大学校园，云计算、数字课本、移动网络、高质量流式视频、即时信息收集等技术方面的可供性已将大量知识和信息推送到"无固定地点的"网络上。目前，这一现象正激起人们对现代大学在网络社会中的使命和角色的重新审视。

无论是否存在争议，大学已经发现竞争对手正在侵蚀自己的传统使命，它们包括营利性大学和可汗学院等非营利性学习组织、系列讲座的提供商、iTunesU等网络课程在线服务机构，还有为特定行业和职业提供指导和认证服务的大批专业培训中心。相比实体教育机构，它们能更快捷地提供规模化的网上教学服务。因此，尽管有时受制于财务预算短缺和抵制变革的学术文化的影响，高等教育管理者仍在努力回应并着手进行改革。

（二）"互联网+"使高等教育面临国际化的冲击

事实上，经济全球化的迅猛发展，使得人力资源和物质资源在世界范围内的跨国、跨地区流动成为新常态。这种资源的流动已经渗透教育领域——教育要素自发在国际流动，教育资源自发寻求优化配置，世界各国间的教育交流日益频繁，竞争更加激烈，形成了教育国际化的大趋势。教育国际化既是经济全球化的必然产物，也是各国政府教育战略的重要目标。各国在人才培养目标、教育内容、教育手段和方法的选择上，不仅要以国内社会经济发展的需求为前提，还要适应国际产业分工、贸易互补等经济文化交流与合作的新形势。因此，教育国际化的本质归根结底就是在经济全球化、贸易自由

化的大背景下，各国都想充分利用"国内"和"国际"两个教育市场，优化配置本国的教育资源和要素，抢占世界教育的制高点，培养出在国际上有竞争力的高素质人才，为本国的国家利益服务。

从方法论的角度讲，教育国际化就是用国际视野来把握和发展教育。从各国的教育国际化实践来看，教育要素在国际的流动，最早始于各国高等教育之间，之后波及中等教育、基础教育、职业教育等领域。著名教育问题研究专家钟秉林认为：教育领域的人力资源流动就是教师和学生的流动，物质资源流动就是教学资源的流动，如课程、教材、课件等。而这些要素流动的载体，就是各类不同形式的国际教育项目。合作办学就是一个载体，通过这个载体，国际化的课件、教材都可以流动起来，同时伴随着学生和教师的国际流动。更重要的是，师生资源和教学资源的流动，必然伴随着教育观念、教学方式、管理方式的跨国流动与融合。这是各国教育谋求发展的一个重要机会，很有挑战性。通过教育国际化进行资源重新配置的方式很多，如出国留学、访学游学、参加国际会议、进行合作研究与联合培养、结成友好学校等，这些途径为教育国际化搭建了平台，为国际教育要素的流动提供了载体。

（三）"互联网＋"使普通高校面临缺乏优质生源的挑战

如果互联网教育发展到了一定的程度，并且能够提供受到社会认可的证书，那么相当一部分学子若不能进入所谓的重点院校，就不会退而求其次地进入一所普通高校，甚至是学习自己不喜欢的专业。他们可以通过互联网学习大学应该学到的知识并且得到社会的认可。这样一来，首先，我国很多二、三本院校以及高等专科院校的教学资源本就比不上重点院校的教学资源丰富，而在"互联网＋"教育的时代，又不能与网络上提供的教学资源相比。其次，学校为了维持其基本的运转和基础设施的建设，就必须向学生收取超过互联网时代网络学校的费用，这样在成本上又无法相抗衡。最后，在互联网教育不够发达的时代，学生之所以选择一所普通高校就读，甚至在分数不够的情况下选择一个自己并不喜欢的专业就读，很大一方面是为了获得学位受到社会认可。但是，互联网教育也能够提供一样的学位认可，让学生能够自主进行专业的选择，因此普通高校受到互联网教育的冲击。而且高校进行的是基础理论的教学，主要目的是让学生学会思考。这些因素就注定了普通高校即使自降身价也难以与一般的技术院校去争夺学生资源。这样一来，普通高校难以招收到优质生源，资金运转困难，更难以获取更好的教学资源。如此循环下去，普通高校势必面临严重的优质生源危机。

（四）"互联网＋"使大学生受到学习碎片化的影响

碎片化学习资源具有短小精悍、结构松散，传播迅速、生命周期短，去中心化、多元化与娱乐化，以及多方式表达、多平台呈现的特点，也正是这些特点导致学生对网络学习产生障碍。首先，碎片化知识短小精悍、结构松散，促进学生认知方式的转变，对新知识的呈现形态提出新的要求。学生适应了简短信息阅读方式，可能会对较长信息和图书阅读产生不适感。长期以来，我们受到的高等教育都是系统的知识教育，而结构松散的知识要求学生能够对知识进行加工建构，如若不行，学生就会产生认知障碍，甚至以偏概全。其次，碎片化知识传播迅速、生命周期短，对学生的记忆能力提出要求。一直以来，高校学生都习惯了纸质书籍这种连续的、线性的知识获取方式，先后信息相互联系具有一体性，便于学生对知识进行记忆。但是，碎片化知识以短时间记忆为主，因此，学生日后进行信息的提取时可能会产生虚构和错构，导致信息失真。最后，碎片化信息去中心化、多元化和娱乐化等特点，导致学生的思维不能集中，产生思维跳跃。知识碎片的多元化导致学生正在思考的内容很容易被环境中时刻变化的新信息吸引，尤其是被娱乐信息吸引，无法围绕一个主题进行深入思考。同时，由于大量碎片化知识和信息唾手可得，而其中大量的信息内容空虚、缺乏价值甚至是毫无价值，若学生对于这类信息全盘接受而不加以思考，即导致思维活动空洞，毫无深度可言。

正是因为互联网下的教育与各行各业的知识在不断融合、不断更新和拓展，知识的复杂度提高、信息以指数级增长，且呈现出碎片化的形式，可用的资源虽丰富却鱼龙混杂。在传统的学习模式下，学生一直接受的是"填鸭式"的教育，对于知识是全盘接受，无须考虑其他。但是，在互联网时代，却需要学生对知识信息进行加工处理，而这对于学习能力不足、信息加工处理能力不足的学生来说是一个巨大的挑战。

（五）"互联网＋"使大学生受到心理健康和人际关系的双重冲击

互联网由于其信息的易得性和娱乐性成了人们主要的信息获取来源，但是由于我国对于互联网管理的法治不健全、管理比较被动等，互联网上的信息以及教育视频良莠不齐。

虚拟性是互联网的一个重要特点。在互联网中一切的事物都是虚拟的，这使得我们的学生具有了虚拟的身份，而现实中的人际关系却变得冷漠起来。传统的教学使学生在集体环境中生活，参与多样化的集体活动，在与同学的交往过程中，无形中就培养了他们的群体意识、集体主义观念和团结协作的精神。而网络环境是一个相对自闭的环境，纯粹的网络学习是通过一套网络设备完成相互交流的。在这样的环境下，人与人之间直接交往的机会急剧减少，教师与学生之间的情感不能直接感受到，教师与学生之间仅仅是通过 QQ、微信、BBS、E-mail 等网络工具进行交流，人与人之间建立的是一种虚拟的、不现实的关系。这种虚拟的人际关系使得学生的群体意识淡薄，不利于健康个性及人格的发展，也不利于人与人之间的协作共事、共同生活。

第二节 信息技术发展带来教育形态和教育信息化政策变化

一、信息技术发展带来教育形态变化

（一）互联网推动人类文明迈上新台阶

人类文明先后经历了农业时代、工业时代，现在正在进入信息时代，其基础是互联网的发明。互联网能搜索、会联想、可思考，它的发明是人类智慧的延伸。互联网时代已经到来，它推动着人类文明迈上新台阶。从 20 世纪 90 年代起，互联网渐渐进入中国人的生活，并潜移默化地影响着各个领域的发展，形成各个领域的崭新格局。互联网和信息化也随之上升至影响国家乃至世界格局的重要地位。

第一，互联网从根本上颠覆了信息传播规律，呈现出中央复杂、末端简单的态势。互联网的发展分为四个阶段：第一阶段为信息互联，主要是解决人类知情权的平等；第二阶段为消费互联，主要为人类的物质需求提供方便；第三阶段为生产互联，服务于人类就业和事业发展；第四阶段为智慧互联，帮助人类实现对知识和精神生活的追求。互联网对人类的影响将不断提升，最终发展成为生命互联，满足人类健康长寿的愿望。第二，互联网必将继续改变行业的形态。工业生产将是大协作的时代，农业生产将是按需供应的时代，消费将开启私人定制的时代。互联网还将改变市场结构，将市场的点与点的竞争变成链与链的竞争。第三，互联网会带来文化的转变。互联网精神

是合作共赢、共建共享，互联网规律是无穷大、无穷小，互联网特征是开放、天量。第四，互联网给人类带来全新的生活方式。文学将进入无经典的时代，艺术将形成雅俗共赏的时代，教育将开启互为师生的时代，学术科研将迎来开放存取的时代。

（二）教育的本质属性

教育是有目的培养人的活动。教育的功能包括三个层次：对全人类来说，教育所承担的是文化与价值观念的传承与发展；对于国家来讲，主要是为了提高全民族素质，为国家建设提供人力资源保障，提高国家的竞争力；对于个人来讲，主要是为了追求幸福生活，其中包括物质和精神两方面的幸福生活。教育是人类所特有的社会现象，是把自然人转化为社会人的过程。教育在社会生产活动中是一个特殊的行业，教育是有意识、有目的、自觉地培养人，为受教育者今后良好发展打下基础。教育有其自身发展的规律，既有教育外部的影响规律，也有教育内部的制约规律。在线教育培养不出大师，社会诚信文明的提高要靠泛在教育。不能把家庭教育的不成功归罪于学校教育，也不能把泛在教育导致的问题归结于学校教育没办好。

（三）人工智能对教育的影响

人工智能与大数据不可分割，大数据是人工智能的基础。人工智能是逻辑与计算能力、感知与识别能力、认知与决策能力的集合，它与人的智能顺序不一样。人工智能目前还有很多局限，比如没有情感、不能跨领域思维等，然而在单个领域里能远远超过人类，特别是从事一些重复性工作无疲劳、无失误等。人工智能在知识储备量、知识传播速度、教学讲授方法等方面都会超过普通教师。如已经在语言教学方面开启的人工智能应用尝试效果比较好，未来数学、物理、化学等传统学科的基础知识教学，可能都会采用人工智能。当然其背后有算法的约束，而这些算法体现的是已经总结形成的优秀教学经验，因此，人工智能可以比普通教师讲得好。另外，人工智能还可以自动批改作业，减轻教师的负担；能够进行个性化教学，提高教学效率等。

（四）信息技术改变教育形态

农业时代教育形态的典型代表是私塾，规模小且没有个性化教育。到了工业时代，各级各类的学校有了一定的规模，公立学校以服务大多数人的知识水平为主，但是仍然没有个性化教育。到信息时代，所有的教育资源都可以集中在网络平台上，可以真正实现教育公平，也能实现个性化教育。不同的时代有不同的教育形态，在信息技术的推动下，教育者、受教育者、教育内容、教育物资四大教育要素都在发生深刻的变化，教育内容极大丰富，知识的获取与传授呈现碎片化。碎片化学习更适应信息时代的特征，学生的学习模式发生改变，引发教、学、评的改变，带来课堂结构和课堂形态的改变。特别是从互联网到移动互联网的转变，创造了跨时空的生活、工作和学习方式，使知识获取的方式发生了根本性变化。教与学可以不受时间、空间的限制，知识获取渠道灵活与多样化。学生学习模式在转变，MOOC、混合学习、翻转课堂、泛在学习、移动学习等在线教育模式已是大势所趋。

未来的教育形态，所有教育要素都集中在网络平台上，其特点就是大规模、灵活性、个性化。教育实施将以个人选择为主，真正实现教育公平以及个性化学习。学校不再是教育的唯一场所，教师可能成为自由职业者。

二、信息技术发展带来教育信息化政策变化

信息技术的迅猛发展为教育场域带来了结构性的变化和革命性的影响。教育政策作为教育发展不可或缺的制度设计，发挥着重要的导向和引领作用。但是，当前关于深入推进信息技术与教育融合创新的政策中存在的障碍，在一定程度上影响和制约着两者在融合创新过程中的生成逻辑和实践探索。为此，本书尝试基于对当前我国信息技术与教育融合创新相关政策的深入分析，厘清信息技术与教育融合创新在政策上的障碍表征，并规划信息技术与教育融合创新的政策路径，以期为新时代教育信息化发展提供合法化和合理化的制度保障，从而发挥教育信息化对教育现代化的支撑与引领作用。

（一）信息技术与教育融合创新的政策发展态势

作为跨世纪教育改革的一项重要内容，教育信息化不断被各国纳入新一轮的教育改革中。围绕融合创新的阶段性目标，我国逐步建立起较为完备的教育信息化政策体系。在总体框架上，我国的教育信息化政策始终以"育人"目标为轴心，方向性引领的总体目标和支撑性实施的操作性目标有机整合，共同构成了多元结构的政策体系。在政策取向上实现了两大转变：一是从主要关注社会需求转变为社会需求与个人需求并重；二是从主要关注"物"，转变为关注"人"，再到"化人""化物"的齐头并进。但是作为一项系统工程，信息技术与教育融合创新是要引发教育系统的全面创新与变革，而当前的政策中还存有的障碍在一定程度上影响和制约着融合创新实践发展方向和目标的精准把握。

（二）信息技术与教育融合创新的政策障碍表征

教育政策分析的内容包括教育政策的内容分析、教育政策的过程（教育政策决策、执行和评价）分析、教育政策的价值分析和教育政策的环境分析。教育政策作为价值、内容、过程和环境的统一体，内在地规定了教育政策的价值分析、内容分析、过程分析和环境分析并非各自独立，而是相互联系、彼此影响的。基于该分析框架，本书对收集到的政策文本进行价值、内容、过程和环境四个维度的深入分析发现，当前，我国的信息技术与教育融合创新政策所存在的障碍主要有如下表征。

1. 政策价值障碍

在现象形态上，教育政策的价值特征表现为一系列的价值选择；在本体形态上，教育政策的价值特征表现为价值选择的"合法性"；在政策过程的意义上，教育政策的价值特征表现为价值选择的"有效性"。价值选择、合法性、有效性是描述教育政策基本价值特征的三个基本向度。当前，信息技术与教育融合创新的政策价值障碍表征主要集中于政策过程层面的有效性不高。

教育政策的价值分析以价值理性统率工具理性，以公平价值统率效率与自由，把教育公平作为政策分析最为基本的价值评价尺度。在信息技术与教育融合创新的政策中，价值选择所体现的也是教育公平。为此，国家在相关政策中重点关注和扶持农村地区的教育信息化建设。

目前，农村地区中所存在的诸多历史和社会不利因素，在一定程度上制约着信息技术与教育融合创新政策教育公平价值选择的实现。但就相关政策本身而言，当前的相关政策更多关注的是外在的"输血"，即在建设投入、经费投入和人员培训等方面的倾斜与扶持。虽然这些政策为实现当地的信息技术与教育融合创新奠定了基础，但是对于融合创新所提出的教育体系全面创新实现，相关政策还需要从"输血"向"造血"转变。在政策的制定过程中，要更多地关注农村地区的异质性，立足于该类地区的发展实际，制定推动该类地区信息技术与教育融合创新内生力的专项政策，从而有效提高政策价值的有效性。

2. 政策内容障碍

教育政策内容分析在本质上体现了教育政策的目的性追求和"实质理性"，主要回答"政策是干什么的"这一问题。这种回答不是形式化的，而是必须回答"政策通过什么实现什么"这些实质性内容，以保证政策内容的合理性和可行性。而教育政策内容中存在的不明确和不完善将会对教育政策效能的发挥产生直接的障碍。

一个完整的教育政策规范包括目标、对象和措施三个要素：教育政策目标就是教育政策要达到的目的；教育政策对象是指教育政策问题所涉及的主体，即解决谁的问题和由谁解决问题，包括哪些人和组织；教育政策措施是指要采取什么样的政策规范来解决教育政策问题、实现教育政策目标。信息技术与教育融合创新政策的内容障碍主要体现在政策目标缺乏明确性和政策对象缺乏详尽性。

首先，政策目标缺乏明确性。教育政策目标与教育政策的成败直接相关，而缺乏明确性、针对性、科学性和完整性的教育政策目标会对教育政策的实施产生一定的障碍。资金投入作为信息技术与教育融合创新的基础前提和重要保障，是政策目标中最关键的一个。当前，我国的信息技术与教育融合的资金投入政策目标多是定性的描述，缺少具体、明确的数量化指标。相对于描述性资金投入目标，明确具体的数量化指标更能够增强政策执行的有效性。虽然我国的教育信息化发展还存在着地区发展不均衡的现象，但在相关的政策制定中，可以通过设定最低基准的方式，进一步明确教育信息化经费在教育经费中所占的具体比例。同时，还要明确规定教育信息化经费在基础环境建设、资源购买服务和运维经费的所占具体比例，从而提高信息技术与教育融合政策的执行效果。

其次，政策对象缺乏详尽性。在信息技术与教育融合创新的政策对象中，"解决谁的问题"重点指向学生和教师，即要全面提升教师和学生的信息素养，实现教学方式和学习方式的变革和创新。但是，当前的信息技术与教育融合创新的政策内容中，对于教师和学生的信息素养还未形成完备的评估指标体系和模型。

基本信息素养作为教师和学生信息技术常态化应用的基础，发挥着不可或缺的作用。但是要想实现教学方式和学习方式的全方位创新，还需要教师和学生具有更高水平的信息素养，形成信息化思维，将信息技术从浅层的技术操作层面"内渗"于课堂教育教学活动之中，在实现教育教学场域各要素的信息化表征的基础上完成二者的深度融合。而当前相关政策内容中的教师和学生基本信息素养无法满足融合创新的需求，因此，亟须制定关于教师和学生高水平信息素养的相关政策。

教育资源作为教师和学生变革教学方式的重要支撑，是信息技术与教育融合创新的基础平台。教师和学生作为教育资源的使用者，其需求是教育资源建设的起点和目标。但是由于缺乏相关的配套鼓励政策，还未形成数字教育资源版权的保护政策，无法充分调动教师和学生参与教育资源建设的积极性。

3. 政策过程障碍

在教育政策中存在的一些不利影响因素，导致执行过程与政策目标的偏离。教育政策过程分析主要包括政策形成、政策执行和政策评价。当前，信息技术与教育融合创新的政策过程障碍主要体现为政策执行的主体责权不太明晰以及政策评估监督的效力不强。

首先，政策执行的主体责权不太明晰。政策执行是运用政策解决教育现实问题的直接环节和枢纽。政策执行主体则是落实教育政策目标的主要行为主体，发挥着主导作用。各级人民政府、教育主管部门、其他有关部门以及各级各类学校是教育政策的主要执行者。对于参与教育政策执行的不同主体而言，如何克服各自的身份局限，保证教育政策执行的顺利进行，需要在相关政策中对其责、权、利进行明确的规定，实现三者的有效统一。

其次，政策评估监督的效力不强。教育政策评估监督是在对教育政策自身的质量和实施效果进行评价和估量的基础上形成价值判断，从而提高教育政策决策的科学性和有效性。但就目前而言，我国尚未建立完备的信息技术与教育融合创新政策第三方评估监督的方案与机制，未能实现外部评估监督与内部评估监督的有机结合。

4. 政策环境障碍

任何一种主体的活动都不能脱离环境对它的影响与作用，教育政策作为一种主体性的活动与过程，是在一定环境中产生的，它的执行与发展受到其所在环境的影响。当前，我国信息技术与教育创新的政策环境障碍主要表现为体制和制度环境不健全。

我国信息技术与教育融合创新主要是在自上而下的政治管理体制下进行的。教育信息化是一项复杂的系统工程，渗透于各级各类教育和培训的各个层面，包括基础设施建设、资源开发、应用开展、标准化、技术研发、人才培养、国际合作等多方面工作，需要组织协调各级政府相关部门、各级各类学校、企事业单位、社会团体等多方面力量。而多方参与主体的加入，要求形成与之相适应的管理体制，建立完备的信息技术与教育融合创新的体制环境，这样才能够充分调动基层学校信息化建设的积极性，发挥出企业在市场资源配置中的决定性作用。

（三）信息技术与教育融合创新政策障碍的消解逻辑

面对当前信息技术与教育融合创新在政策价值、内容、过程和环境方面的政策障碍，需要寻求消解这些障碍的政策路径。具体消解逻辑如下。

1.客体和主体与"化物""化人"相结合，明晰信息技术与教育融合创新的政策价值

当前，我国的教育信息化主要还是围绕"客体"展开，即使涉及"主体"，也没有在意识、情感、态度等领域做深度介入，更多的是"政策决定需要"，而非"需要决定政策"，一部分政策没有为主体所主动接受。在政策价值取向上，未来需要更加重视"育人"目标和"以人为本"的理念，实现社会需求与个人需求并重，"化物""化人"齐头并进。人是信息技术与教育融合创新的主体，要凭借信息技术给教育带来的结构性变化，将信息技术从器物的工具层面上升到与人生命相统一的价值层面，从而实现信息技术由"外推"向"内生"的转化。

同时，世界各国在教育信息化政策的内容上存在一定的差异，但对基础设施的建设、教师信息技术的技能培训、数字化学习资源的开发以及信息化技术的应用都极为重视。中国的教育信息化政策价值取向则体现出很强的"客体"特征和公平导向性，力图缩小并跨越"数字鸿沟"。我国信息技术与教育融合创新政策在价值选择上，既需要借鉴他国的成熟经验，又需要关注"本土问题"，构建信息技术与教育融合的"中国体系"和"中国话语"。因为教育信息化的技术、理论甚至模式都可以进口，但"问题"是不能进口的，基于"问题"而形成的价值取向也不能是进口的。

2. 顶层设计与基层创新相配套，完善信息技术与教育融合创新的政策内容

信息技术与教育融合创新政策具有系统性的特征，在制定过程中尤其需要注重政策间的联系与配合，建立不同层次、不同功能的系列政策或配套制度。教育信息化政策各环节虽都不可缺少，需要强调整体功能，但并非任何环节都同等重要。问题的主要矛盾在不同阶段、不同时期不尽相同，需要针对不同问题的性质和"限制因子"，抓住政策制定的短板重点突破，才能实现信息技术与教育融合创新"多、快、好、省"地推进。

在信息技术与教育融合创新政策的制定过程中，要将"共性"和"个性"、顶层和基层有机结合、相互融通。我国此前的信息化政策制定和实施主要依靠政府部门宏观管控逻辑下"自上而下"地推动，而信息技术与教育融合创新所带来的是教育体系的深刻变革，仅仅依靠顶层设计是远远不够的，需要将顶层设计与基层创新有效地结合，形成自上而下与自下而上的融通。

3. 动力机制与控制机制相协同，优化信息技术与教育融合创新的政策过程

在信息技术与教育融合创新政策的运行过程中，动力运行机制与控制运行机制相互协同发挥作用，有助于共同推动政策的运行。推动教育信息化的初期动力主要集中于行政部门，而伴随着信息技术与教育融合程度的加深，学校、教师和学生都将信息技术视为教育场域不可或缺的内在因素和自身发展的必要条件，这就使信息技术在教育场域中的动力机制从主要依靠外在推动转变为内在需求。因此，信息技术与教育融合创新的政策在实施过程中，需要更多地关注各应用主体的内在需求，形成促进内生发展的内部动力机制。如果直接利益相关者"主体缺席"，游离于信息技术与教育融合创新的实施过程之外，就会导致"政策下不去、实践上不来、应用走不通"的困境。

要保障信息技术与教育融合创新政策实施的协调配合，使不同层级和不同部门方向一致、步调协调，防止单打独斗、相互脱节。我国此前教育信息化政策的推进主要依靠高一级的行政权力来推动下级行政部门、学校的协同。而信息技术与教育融合创新政策则更强调行政体系之外的更大范围和更深层次的协调，鼓励各类第三方评估机构、民间智库、企业、基金会、社会团体等社会力量参与进来。如果在政府行政体系基础上多一些以实际需要为

指向的多元主体自发集聚，就会大大提高信息技术与教育融合创新政策实施的效果。

4.管理体制与制度建设相协调，提升信息技术与教育融合创新的政策环境

在信息技术与教育融合创新的新阶段，创设和优化良好的政策环境尤为关键。为了适应信息技术与教育融合创新所带来的结构性变化，需要构建精准服务的教育组织领导框架，即优化现有的层级组织管理框架，鼓励地方、学校将精准服务作为教育信息化组织管理的目标。在实现有效组织管理的基础上创新组织领导框架，合理压缩教育行政部门的层级，变垂直化的教育管理组织为扁平化的管理方式，加强管理组织的横向联合，利用信息技术与教育深度融合所形成的各种信息化管理平台实现精准服务。在制度建设方面，要加快构建与扁平化组织框架相适应的相关制度，从而为管理体制的运行形成有效的保障。

政策的制定和实施并不意味着政策过程的最终完结，必须进行与之相应的政策监督和政策评估，才能够完成信息技术与教育融合创新政策系统的闭环。我国要进一步提高信息技术与教育融合创新的教育信息化评估督导工作，建立科学的评估督导管理制度，完善政策控制运行机制，实现对政策执行和效果的有效监管；建立健全中央、省、市、县多级联动的教育信息化政策评估督导体系，细化教育信息化相关指标，提高督导的科学性和有效性。同时，要加快建立政府、企业、行业、第三方机构深度参与的教育信息化督导评估机制，实现内部评估与外部评估的结合，提高政策评估督导的有效性。

总之，在我国发展进入新时代的历史进程中，融合创新成为教育信息化发展的新目标。需要明晰政策价值、完善政策内容、优化政策过程、提升政策环境，以便更好地发挥教育信息化政策的方向性引领作用，为实现教育信息化2.0提供有效的保障。

第三节 "互联网+"时代对商务英语专业的影响

随着信息技术的发展，实现互联网化的教学模式已经成为我国教学发展的必然趋势。在商务英语教学中，教师更要重视对互联网技术的应用，通

过加强互联网技术和商务英语教学之间的结合，可以起到锻炼学生商务应用技能的作用，并且能够满足学生不同的学习需求，对提升学习质量发挥重要作用。

一、"互联网+"背景下商务英语教学存在的问题

（一）缺乏现代化的教学观念

随着互联网的发展和应用，当前商务英语教学也面临新的挑战和机遇。互联网背景下，商务英语教学还存在较多不足，进而影响教学质量的提升。首先，随着信息技术发展，实现信息化教学是当前教学的发展趋势。但是在教学中，由于各种因素的影响商务英语教学的现代化教学水平不高，大部分商务英语教师的教学理念依旧停留在传统观念上，教学观念得不到创新，从而影响教学质量。其次，当前社会对人才的要求包含有信息素质水平，教师在教学中要重视借助信息技术来培养学生适应信息化社会的能力，进而提高学生的综合素质。随着互联网的广泛普及，当前学生不管是在生活还是在学习上，对于互联网的依赖性都比较强，因此，提高学生的信息素养水平至关重要。

（二）教师教学能力有待提高

互联网背景下，对于教师的教学能力要求也不断地提高，当前商务英语教师的能力和新时代教学要求还存在一定的差距，因此要提升商务英语的教学质量，必须提升教师的教学能力。信息时代下，提高教师的信息教学能力至关重要，教师需要在教学中借助现代化技术来开展教学，比如借助计算机技术、多媒体技术、网络技术等丰富教学内容和教学方式，进而提高商务英语的教学质量。随着互联网的快速发展，当前的教学信息化技术也在不断更新，教师需要加强对信息化教学技术的学习，加强信息化技术与商务英语教学之间的有效结合，进而提高教学质量。

（三）信息化教学环境不够完善

加强互联网技术在商务英语教学中的应用需要有良好的互联网教学环境，但是当前大部分学校的互联网环境还不够完善，进而影响商务英语信息化教学的开展。互联网背景下，要实现信息化教学，必须具备完善的校内网和网络教学平台，这样教师才能更好地借助平台来开展教学。虽然许多高校的信息化建设水平都得到了较大的提升，但是由于信息化教学设备的投入和

维护需要大量的资金，当前许多高校的信息化教学设备还处于初级阶段，在运营中容易出现各种问题，进而影响商务英语信息化教学的开展。

（四）商务英语教学体系不够完善

商务英语和普通英语教学相比，其专业性更强，对于学生的交际能力要求更高，因此，教师必须重视提高学生的英语专业性和英语交流能力。但是当前大部分学校的商务英语教学体系依旧不够完善，与普通英语教学体系相差不大，导致商务英语教学的特点得不到体现，进而影响教学质量。与普通英语相比，商务英语的教学内容、教学方法、课程设备以及教学设施都具有其特点，教师要结合商务英语教学的特点来完善教学体系。互联网背景下，学生可以借助互联网来随时随地开展英语学习，因此，互联网时代下激发学生的主体意识十分重要，但是在部分高校的商务英语教学中，许多教师依旧缺乏对学生主体地位的正确认知，导致学生的主体意识得不到有效激发。互联网时代，信息更新速度非常快，教师要结合时代的发展来及时更新商务英语教学内容。但是较少教师能够及时更新教学内容，导致整体教学跟不上时代的发展，使得学生的英语能力也跟不上时代的发展步伐。

（五）缺乏良好的商务英语学习环境

商务英语是一门应用型专业，在教学中，教师要重视对学生英语的锻炼，特别是口语交流锻炼，因此，构建良好的英语学习环境十分重要。但是许多高校都缺乏良好的商务英语学习环境，导致学生得不到有效的英语锻炼。一般情况下，商务英语学生的口语练习都是在模拟商务活动时开展，在日常教学中缺乏对商务英语口语的锻炼，使得学生的英语口语得不到有效的锻炼，进而影响学生的英语水平，甚至影响学生之后的就业。

二、互联网给商务英语教学带来的积极意义

（一）有利于提高教学的实用性

互联网背景下，商务英语教学虽然存在较多不足，但是互联网的发展依旧给商务英语教学带来了较大的促进作用，有利于提高商务英语教学的实用性。因为商务英语是一门市场化的专业，与市场发展、行业发展之间的联系十分紧密，所以商务英语的教学内容需要结合商务活动的开展来调整和更新。商务英语和其他普通英语相比，具有较强的时效性和时代性，对学生的专业要求更高。随着互联网的发展，当前信息的传播速度非常快，互联网已经成为人们工作生活交流的重要场地之一，包括商务活动的开展。因此，商务英语教师要加强对互联网技术的应用，借助互联网技术来获取更多更具时效性的教学资源，不断地提高英语教学的实用性。

（二）有利于激发学生的学习兴趣

互联网背景下，加强互联网技术在商务英语教学中的应用有利于激发学生的学习兴趣。传统的商务英语以讲解知识为主，课堂过于枯燥单一，很难吸引学生的注意力，使得教学效率得不到有效的提高，学生的思维也得不到有效的锻炼。但是互联网背景下，许多新事物的产生和传播，使得商务英语课堂的教学内容得到了很大的充实，教学方式也得到了很大的转变，对于学生的吸引力极强，能够有效地激发学生的学习兴趣。在网络世界中，存在许多职场化的表达，使得商务英语教学的活力得到了提升。而且商务英语的市场化程度较高，教学内容需要结合商务活动的改变而不断调整。因此，教师可以随时在互联网上获得最新的英语教学内容，为学生提供更丰富的教学资源，从而充分激发学生的学习兴趣。

（三）有利于突出学生的主体地位

互联网背景下开展商务英语教学，有利于突出学生的主体地位。在传统的商务英语教学中，由于受到应试教育体系的影响，学生在课堂上一直处于被动地位，大部分教师都采用"填鸭式"的教学方式，使得学生的学习过于被动，学生的学习积极性得不到提升。但是互联网时代，学生可以接触更多的商务英语学习资源，能够结合自己的实际水平和兴趣爱好来选择不同的学习方式和学习内容，从而有效地提高学习的针对性和有效性。所以在互联网背景下，学生的主体地位得到了充分的体现。此外，通过借助互联网技术，可以构建网络学习平台，进而实现线上教学，教师和学生可以通过网络学习平台来进行问题的探讨，及时解决学生在学习中遇到的问题。教师可以将自己的相关教学资源上传到网络学习平台上，学生可以结合自己的学习情况来选择恰当的教学资源来进行学习，从而更好地突出了学生的主体地位。

三、互联网给商务英语教学带来的挑战

（一）网络信息真假难辨

虽然互联网的发展对提高商务英语教学质量起到了积极的推进作用，但是也使得教学面临更多新的挑战。网络上的信息包罗万象，每日所产生的信息量是非常多的，容易夹杂着不良的信息，由于学生的判断能力有限，很难从中筛选出有用的信息。而互联网的出现，使得人们之间的沟通门槛不断降低、信息传播快速，进而导致许多虚拟消息的出现，对人们的生活和工作都造成了不良的影响。互联网上存在的信息真假难分现象，是影响商务英语信息化教学的重要因素。当前，线上教学成了重要的教学手段，但是由于各种因素的影响，各大学习平台上的商务英语学习知识良莠不齐。比如，部分不良商家为了获得流量会将一些毫无商业特色的英语资源，甚至一些不良的信息上传到学习平台上，进而影响学生。不良的信息不仅会浪费学生的学习时间，也会对学生的思想造成不好的影响，进而影响商务英语的教学效果。

（二）容易出现形式教学

与学校相比，许多教育机构以及网络学习平台都兼具浓厚的功利性，比如会提高重要学习资源的学习门槛、学生需要付费下载学习资源等。一般情况下，许多商家首先会通过免费的学习资源来吸引学生和家长，然后再逐步引导学生和家长进行付费消费，从而获得盈利。互联网的出现也使得许多教学资源逐渐演变成为商业运作的模式，从而影响商务英语教学质量。随着商业运作教学模式的出现，当前的商务英语教学容易出现形式化教学，许多学生容易被一些美丽的形式所迷惑，进而背离了学习的初衷，导致英语学习效率得不到提高。

（三）容易引发过度依赖的心理现象

互联网的出现使得当前许多事务都可以通过互联网来解决，所以，网络化的生活方式已经逐渐成为当前的常态，学生不管遇到生活问题还是学习问题，首先都会通过网络来寻找解决办法。长此以往，学生就容易丧失思考的习惯，遇到问题就会习惯性地从网上找寻解决办法，对网络形成了过度依赖。特别是随着网络的发展，许多商家也从中发现了新的商机，使得学生的学习问题可以"一扫而解"，从而影响学生的独立思考能力。在商务英语教学中，部分学生也会投机取巧，直接从网上寻找作业答案，通过复制粘贴的方式来应付作业甚至考试，从而使得互联网教学的初衷被违背。

第四节　商务英语专业的发展趋势

商务英语的发展与全球化和信息技术的进步紧密相关。在全球经济一体化和"互联网＋"时代的背景下，商务英语作为国际商务沟通的重要工具，其重要性和作用日益显著。商务英语的发展在很大程度上受到全球化和信息技术进步的推动，这不仅体现在商务交流的方式和范围上，也反映在教育和培训方法的创新上。适应这些变化对于商务英语专业的学习者和从业者来说，意味着不断提升自己的语言技能和技术应用能力，以在全球化的商业环境中取得成功。以下是商务英语专业发展的一些主要趋势。

一、数字化和在线学习

随着互联网和在线教育的普及，商务英语的学习方式发生了变革，人们可以通过在线课程、电子教材、语音和视频通话等方式进行商务英语的学习。这种数字化和在线学习的趋势使得商务英语的学习更加便捷灵活，可以根据个人需求和时间安排进行学习。数字化和在线学习已经成为现代教育的重要组成部分，特别是在"互联网＋"时代背景下，这种学习方式不仅为学习者提供了便利和灵活性，还大大增强了教育资源的可及性。以下是数字化和在线学习的几个关键特点及其影响。

（一）主要特点

1.灵活的学习时间和地点

灵活的学习时间和地点是现代教育特别是在线教育的一个显著特点，它为学习者提供了前所未有的便利和适应性。这种灵活性在多个方面对学习和教育产生了积极影响。

（1）主要优势

①适应不同的生活安排：学习者可以根据自己的工作、家庭责任和其他生活安排来安排学习时间。

②个人化的学习节奏：学习者可以按照自己的学习速度进行学习，无须适应传统课堂的统一进度。

③全球访问性：无论学习者位于何处，只要有互联网连接就可以访问

在线学习资源。

④减少通勤时间和成本：学习者不必花费时间和金钱通勤到实体学校，尤其是对于居住在偏远地区的人来说。

（2）应用场景

①在职学习：对于在职人员来说，他们可以在工作之余进行学习，而不必放弃职业责任。

②终身学习：促进了终身学习的理念，人们在任何年龄都可以学习新技能和知识。

③非传统学生学习：为那些非传统学生提供了学习机会，如全职家长、远程地区居民等。

（3）挑战和考虑

①自我激励和纪律：在没有物理教室环境和固定时间表的情况下，学习者需要更强的自我激励和纪律。

②社交互动的缺失：缺乏面对面的社交互动可能影响学习体验和团队合作技能的培养。

③技术可访问性：需要保证所有学习者都能访问所需的技术和网络资源。

④教学质量：在线学习需要保证教学质量，包括课程设计、教学方法和评估标准。

灵活的学习时间和地点为现代教育带来了新的机遇和挑战，虽然使教育更加个性化和包容性，但也需要学习者具备更高的自我管理能力。

2.广泛的资源和课程

广泛的资源和课程是在线教育和数字化学习环境的显著优势。在这样的环境下，学习者可以接触到各种主题和领域的丰富资源，这些资源通常来自世界各地的顶尖教育机构和专业人士。

（1）丰富的学习选择

①多样的课程主题：提供从基础学科到专业技能的各种课程，满足不同学习者的需求。

②不同水平的学习资源：适合各个学习阶段和能力水平的学习者，从入门级到高级课程。

（2）全球知识共享

①国际教育资源：学习者可以接触到国际专家和学者的讲座和课程，拓宽国际视野。

②文化多样性：在学习过程中接触到不同文化背景的观点和经验。

（3）灵活的学习路径

①个性化的学习计划：学习者可以根据自己的兴趣和职业规划选择课程。

②自我导向的学习：学习者可以自主决定学习的节奏和顺序，有利于自主和终身学习。

（4）促进专业发展

①职业技能培训：提供与当前职业市场相关的技能培训和认证课程。

②继续教育：为在职人员提供继续教育机会，帮助他们更新知识和技能。

（5）降低教育门槛

①易于访问的资源：互联网使得许多资源易于获取，特别是对于经济条件有限的学习者。

②支持不同的学习风格：视频、音频、文字等不同格式的材料，满足不同学习风格的需求。

广泛的资源和课程为学习者提供了前所未有的学习机会和便利，但也带来了如何选择和管理这些资源的挑战。有效利用这些资源，学习者可以极大地丰富自己的知识和技能，为个人和职业发展打下坚实的基础。

3. 自主学习

自主学习是现代教育和个人发展的重要组成部分，特别是在数字化和"互联网＋"时代背景下。自主学习强调学习者主动控制自己的学习过程，包括选择学习内容、设定学习目标、管理学习时间和评估学习成果。

（1）自主学习的特点

①主动性和动机：学习者主动选择学习材料和主题，基于个人兴趣和目标驱动学习过程。

②灵活性和适应性：学习者可以根据自己的时间表和学习节奏进行学习，适应不同的生活和工作情况。

③资源的自我管理：学习者负责寻找和管理学习资源，包括在线课程、

教材、视频等。

④自我评估：学习者定期评估自己的学习进度和效果，调整学习策略。

（2）重要性

①终身学习：在快速变化的知识经济中，自主学习支持终身学习，帮助个人持续更新知识和技能。

②个性化学习体验：允许学习者根据自己的需要和兴趣制订学习计划，提高学习的相关性和效果。

③独立思考和创新能力：自主学习培养独立思考和解决问题的能力，这对于个人的创新和职业发展至关重要。

④自我激励和自我管理：增强自我激励和自我管理能力，这些技能对于职业成功和个人成长非常重要。

（3）支持自主学习的策略

①设定明确的学习目标：明确的学习目标有助于保持焦点和动力。

②利用多样化的学习资源：结合不同类型的学习资源，如在线课程、书籍、讨论组和研讨会。

③建立学习计划：制订合理的学习计划，并定期评估进度。

④寻求反馈和支持：参加学习社群或寻求导师和同伴的支持和反馈。

自主学习作为一种灵活和个性化的学习方式，在当代社会尤为重要。它不仅能够支持个人的持续发展和适应快速变化的环境，也促进了独立思考和创新能力的发展。

4.互动性和社群学习

互动性和社群学习是现代教育中日益重要的组成部分，尤其在数字化和在线学习环境中。这种学习模式不仅提升了学习体验的质量，还增强了学习的有效性。

（1）互动性学习的特点

①参与式学习：通过讨论、协作和反馈，学习者积极参与学习过程，而不是被动接收信息。

②即时反馈：在互动学习环境中，学习者可以获得即时反馈，帮助他们及时调整学习策略。

③教师和学生的动态互动：教师与学生之间的互动不仅限于传授知识，

还包括启发思考和解答疑问。

（2）社群学习的特点

①共享知识和经验：学习者在社群中共享知识、经验和学习材料。

②协作学习：在小组项目和研讨中，学习者协同工作，共同解决问题。

③网络学习社区：利用在线平台和社交媒体建立学习社区，促进跨地域的交流和合作。

（3）重要性

①提高学习深度：互动性和社群学习能够促进更深层次的理解和记忆。

②建立学习网络：通过社群学习，学习者可以建立广泛的专业网络和友谊。

③发展沟通和团队协作技能：这种学习方式有助于发展学习者的沟通、团队协作和领导技能。

④提升学习动机和参与度：互动和社群学习能够提高学习者的参与度和学习动机。

（4）支持互动性和社群学习的策略

①促进积极参与：鼓励学习者在讨论和项目中积极参与。

②使用协作工具：利用在线协作工具和平台促进学习者之间的交流和合作。

③多样化的互动形式：结合面对面和线上互动，提供多样化的互动形式。

④指导和支持：提供适当的指导和支持，帮助学习者有效参与社群学习。

互动性和社群学习在现代教育中扮演着越来越重要的角色，它们不仅增加了学习的趣味性和参与度，还有助于提高学习效果，并发展关键的沟通和协作技能。

（二）影响和好处

1. 提高教育可及性

提高教育可及性是现代教育面临的重要挑战之一，尤其在"互联网+"时代背景下，提高教育的可及性意味着使更多人能够接触和参与高质量的教育，无论他们具有怎样的地理位置、经济状况或其他可能的限制因素。以下是提高教育可及性的一些关键策略。

（1）利用数字技术

①在线学习平台：通过在线课程和教育平台提供远程学习的机会，使教育资源对更广泛的受众开放。

②电子教材和资源：提供电子书籍、开放教育资源（OER）等，降低学习材料的成本。

③移动学习应用：开发移动学习应用，利用智能手机等移动设备进行学习，适应移动和忙碌的生活方式。

（2）政策和资金支持

①政府政策：政府应制定政策支持教育的普及和平等，包括提供经济援助给需要的学生。

②资金投入：投资于教育基础设施，特别是在偏远地区。

③奖学金和资助计划：提供奖学金和资助计划，帮助经济困难的学生接受教育。

（3）社区和合作伙伴关系

①社区参与：在社区层面上推广教育机会，包括成人教育和继续教育项目。

②与企业合作：与企业合作提供实习、培训和职业发展机会。

③非营利组织和慈善机构：与非营利组织合作，提供教育资源和支持给处境不利群体。

（4）灵活和包容性的教学方法

①差异化教学：适应不同学生的学习风格和能力，提供个性化的学习路径。

②特殊需求的支持：为有特殊需求的学生提供必要的支持和资源，比如残障学生的辅助技术。

③生活技能培训和职业教育：提供生活技能培训和职业教育，帮助学生准备进入劳动市场。

提高教育可及性需要综合运用技术、政策、社区资源和灵活多样的教学方法。通过这些努力，可以确保更多人能够接受到质量良好的教育，无论他们的起点如何。这对于构建一个更加公平和智慧的社会至关重要。

2. 支持终身学习

支持终身学习在快速变化的现代社会中至关重要。终身学习不仅是个人适应持续变化的职业环境的关键，也是促进社会经济发展和创新的基石。以下是支持终身学习的一些关键策略。

（1）个人层面

①自我激励：培养对新知识和技能的兴趣，保持好奇心和学习热情。

②时间管理：学会有效管理时间，平衡工作、生活和学习。

③利用在线资源：充分利用在线课程、研讨会、网络研讨会等资源进行自我学习。

④设置学习目标：为自己设定明确的学习目标和计划，追踪学习进度。

（2）教育机构层面

①灵活的课程设置：提供灵活的课程安排和学习模式，适应成人学习者的需要。

②职业发展和继续教育课程：提供与当前职业市场相关的继续教育和职业发展课程。

③认证和学分积累：提供能够累积学分和获得认证的课程，增加学习的价值。

（3）政府和社会层面

①政策支持：制定政策支持终身学习，包括财政补贴、税收优惠等。

②公共教育资源：提供公共图书馆、社区学习中心等资源，方便公众访问。

③鼓励企业培训：鼓励企业为员工提供培训和学习机会，支持员工职业发展。

（4）技术和媒体层面

①数字化学习平台：发展和提供易于访问的在线学习平台和工具。

②社交媒体和网络社区：利用社交媒体和网络社区促进学习者之间的交流和经验分享。

③个性化学习解决方案：利用人工智能和大数据提供个性化的学习建议和路径。

支持终身学习需要个人、教育机构、政府和社会各界的共同努力。创建支持性的学习环境和文化，可以鼓励和促进个人在整个生命周期中的持续学习和发展。

3.个性化教育

个性化教育是现代教育领域的一个重要趋势，它强调根据每个学生的特点、兴趣和学习速度来设计和实施教育计划。这种教育模式旨在提供更加符合个人需求的学习体验。以下是实现个性化教育的几个关键方面。

（1）了解学生的需求和特点

①学习风格评估：评估学生的学习风格，如视觉、听觉或动手操作，以提供更适合的教学方法。

②能力和兴趣评估：识别学生的能力水平和兴趣领域，以便提供相应的学习材料和活动。

（2）利用技术实现个性化

①适应性学习技术：使用适应性学习技术，如智能教育软件，它们可以根据学生的学习进度和表现调整教学内容。

②在线资源和平台：利用在线教育平台提供个性化的学习资源，如定制课程和自主学习模块。

（3）灵活的教学方法和课程设计

①差异化教学：根据每个学生的学习能力和需求实施不同的教学策略。

②选择性课程：提供一定范围内的课程选择，使学生能够根据兴趣选择学习内容。

（4）强化教师角色

①教师培训：培训教师使用个性化教学方法和技术，如数据分析和个性化反馈技巧。

②教师和学生的一对一互动：鼓励教师与学生进行更多的一对一互动，以更好地理解和支持学生的学习。

（5）家庭和社区的参与

①家庭参与：鼓励家长参与学生的学习过程，共同制订学习目标和计划。

②社区参与：利用社区资源，如图书馆、博物馆、社区中心等，为学生提供多样化的学习体验。

（6）持续评估和反馈

①定期评估：定期评估学生的学习进展，以调整学习计划和方法。

②反馈机制：提供及时和具体的反馈，帮助学生了解自己的进步和需要改进的领域。

个性化教育旨在通过考虑学生的个人差异来提高教学效果，使教育更加符合每个学生的需求。这种方法有助于激发学生的学习兴趣，提高学习效率，同时也有利于学生全面发展。

4. 技能更新

技能更新是适应快速变化的工作环境和技术进步的关键。随着新兴技术的发展和行业需求的变化，持续更新个人技能成为职业成功和个人发展的必要条件。以下是技能更新的几个关键方面。

（1）识别必需的新技能

①市场趋势分析：了解行业趋势和技术进步，识别未来可能需要的技能。

②职业发展规划：根据个人的职业目标确定需要更新或发展的技能。

（2）学习和培训

①在线学习平台：利用在线课程和平台，如 Coursera、edX、LinkedIn Learning 等来学习新技能。

②职业培训和研讨会：参加职业培训和研讨会，寻找与行业专家和实践者直接交流的机会。

③实践和应用：通过实际项目或工作经验来应用和巩固新学的技能。

（3）网络和合作

①专业网络：加入专业组织和网络，与同行交流，了解最新的技能要求。

②共同学习：与同事或同行共同学习，分享知识和经验。

（4）自我激励和自我管理

①设定学习目标：为自己设定明确的学习目标和计划。

②维持学习动力：建立保持学习动力的策略，如设定奖励或与他人共享进展。

（5）持续的职业发展

①定期评估职业路径：定期评估个人职业路径，确保技能与职业目标保持一致。

②适应性学习：培养适应性学习的能力，以便快速适应技术和行业的变化。

技能更新是一个持续的过程，需要个人对市场和技术趋势保持敏感，同时也需要积极参与学习和培训。通过这样的努力可以确保个人技能与时俱进，提高在现代职场的竞争力和效能。

数字化和在线学习极大地拓宽了教育的可能性，为不同背景和需求的学习者提供了灵活和个性化的学习途径。随着技术的不断进步，预计这种学习方式将继续发展和完善，可以更好地服务于全球教育的需求。

二、行业专业化

随着各行各业的发展和专业化，商务英语也趋向于行业专业化。不同行业和领域有其特定的商务英语词汇和表达方式，如金融、医疗、科技等。人们对于行业特定的商务英语知识的需求日益增加，因此，商务英语的学习也趋向于与特定行业的需求相结合。行业专业化是当代职业发展的一个重要趋势，特别是在不断变化的全球经济环境中，这个趋势反映了对深入特定行业或专业领域知识和技能的增长需求。以下是行业专业化的几个关键方面。

（一）专业知识和技能深化

1. 深度专业知识

在特定行业中掌握深入的专业知识，如金融、科技、医疗等。

2. 高级技能培训

掌握行业内的高级技能，包括技术操作、专业软件应用等。

（二）市场需求适应性

1. 市场导向

随着市场需求的变化，专业化人才能够快速适应并满足这些需求。

2. 竞争优势

在就业市场上，专业化技能可以为个人提供竞争优势。

（三）持续学习和发展

1. 终身学习

专业化要求个人持续学习和更新知识，以保持技能的相关性和前沿性。

2. 职业发展路径

专业化为个人职业发展提供了清晰的路径和晋升机会。

（四）适应全球化和技术变革

1.全球视野

在全球化背景下，专业化人才需要具备国际视野和跨文化交流能力。

2.技术适应

随着技术的快速发展，专业化人才需要能够适应新技术的应用。

行业专业化为个人和组织带来了多方面的好处，包括提高工作效率、增强市场竞争力和促进职业发展。然而，它也要求个人对行业动态保持敏感，并投入必要的时间和资源进行持续学习和技能更新。

三、跨文化沟通能力

全球化带来了跨文化商务交流的需求。在跨文化商务环境中，理解和尊重不同文化的商务礼仪、价值观和沟通方式至关重要。因此，商务英语的学习也更加注重培养跨文化沟通能力和文化敏感度，以便更好地应对跨国合作和国际商务交流。全球化确实带来了对跨文化商务交流能力的高需求，这对商务英语的教育和学习提出了新的挑战和要求。在这样的背景下，商务英语的学习不仅限于语言技能的提升，还涵盖了以下几个重要方面。

（一）跨文化沟通能力

1.理解不同的沟通风格

在不同文化背景下，沟通方式可以大相径庭，理解这些差异对于有效沟通至关重要。

2.适应多样的商务环境

学习如何在不同文化的商务环境中灵活应对，包括在会议、谈判和社交场合中的行为。

3.解读非言语沟通

除了语言之外，非言语沟通（如肢体语言、面部表情）在不同文化中也有不同的含义和重要性。

（二）文化敏感度

1.尊重文化差异

认识并尊重文化多样性，避免形成文化偏见和刻板印象。

2.理解文化背景

学习和理解不同国家的历史、宗教、传统和社会习俗。

3.文化适应性

能够适应不同文化的商务习惯和期望。

（三）实际应用

1.案例研究和模拟训练

通过案例研究和模拟商务场景，让学生实际体验和练习跨文化沟通。

2.国际交流项目

鼓励学生参加国际交流项目，亲身体验不同的文化环境。

3.多元文化的学习环境

创建一个多元文化的学习环境，让学生能够直接与来自不同文化背景的人交流。

全球化趋势要求商务英语学习者不仅要掌握语言技能，还要具备跨文化沟通能力和高度的文化敏感度。这些技能对于在全球化的商务环境中取得成功至关重要。

四、技术应用

信息技术的快速发展影响了商务英语的学习和实践。人们可以利用各种商务英语学习软件、在线翻译工具、语音识别技术等来提高商务英语的学习效果和实际应用能力。此外，与商务英语相关的技术领域，如在线会议工具、远程工作平台等也在不断发展，为商务英语的实践提供了新的机会和挑战。信息技术的快速发展为商务英语学习和实践带来了新的机遇和挑战，不仅改变了学习方式，还扩展了商务英语在全球化商务环境中的应用范围。适应这些变化对于提高个人的商务英语能力和职业竞争力非常重要。以下是这一趋势的几个关键方面。

（一）学习工具的创新

1.商务英语学习软件

如 Duolingo、 Babbel 等，可以提供灵活的学习方式，帮助用户提高商务英语技能。

2.在线翻译工具

如 Google Translate、 DeepL 等，帮助理解复杂的商务文件和沟通。

3.语音识别技术

提高发音准确性和听力理解能力，尤其是在处理商务电话和会议时。

（二）实践工具的发展

1. 在线会议工具

如 Zoom、Microsoft Teams 等，使得跨国商务会议更加便捷。

2. 远程工作平台

如 Slack、Asana 等，支持跨地域团队协作和项目管理。

3. 社交媒体平台

如 LinkedIn，用于建立和维护职业网络，提高商务英语的应用场景。

（三）新的机遇和挑战

1. 全球商务沟通

信息技术的发展使得全球范围内的商务沟通更加频繁，要求更高水平的商务英语能力。

2. 文化适应性

在不同文化背景下进行有效沟通，了解和适应多样的商务习惯和交流方式。

3. 技术适应能力

快速掌握和适应新兴的商务沟通技术和工具。

（四）个人和组织的发展

1. 职业竞争力提升

掌握商务英语和相关技术能力，增强个人在全球化商务环境中的竞争力。

2. 组织效率和效益

组织通过利用这些技术提高工作效率和市场竞争力。

3. 终身学习文化

鼓励个人和组织建立终身学习文化，持续更新商务英语和相关技术知识。

信息技术的发展为商务英语学习和实践带来了新机遇，也提出了新挑战，适应这些变化对于个人的职业发展和组织的全球化经营至关重要。

五、社交媒体和跨平台交流

社交媒体的兴起确实极大地丰富了商务英语的交流方式，同时对商务英语的使用提出了新的要求。以下是社交媒体对商务英语交流方式带来的影响及其相关要求。

（一）多样化的交流平台

1. 社交媒体平台

如 LinkedIn 等，用于建立职业关系、品牌推广和市场营销。

2. 专业网络

如行业论坛和专业社群，用于分享行业知识、讨论专业话题。

3. 在线协作工具

如 Slack、Microsoft Teams 等，提供团队项目管理和日常沟通。

（二）适应不同平台的能力要求

1. 不同风格的适应性

根据不同平台的特点和受众，调整语言风格和内容。

2. 文化适应性

在不同国家和文化背景下的受众之间进行有效沟通，考虑到不同文化对话语和内容的理解。

3. 多媒体内容制作

能够制作和理解包括文本、图片、视频在内的多媒体内容。

（三）增强商务沟通技能

1. 清晰准确的表达

在线交流缺乏面对面交流的非言语线索，因此，需要更清晰和准确的语言表达。

2. 网络礼仪

了解和遵守在线交流的礼仪，如适当的问候、回复应及时。

3. 信息的筛选和管理

能够有效管理大量信息，识别和利用对商务活动有用的信息。

（四）持续学习和适应

1. 学习新工具

随着新的社交媒体工具和平台的出现，持续学习和适应这些新工具。

2. 安全意识

在线交流时要有数据安全和隐私保护意识，特别是在处理敏感的商务信息时。

　　社交媒体和在线协作工具的使用已成为现代商务英语交流的重要组成部分。适应这些平台的要求不仅需要掌握语言本身，还需要具备文化适应性、多媒体内容理解和网络礼仪等多方面的能力。

　　总体而言，商务英语的发展与全球化、技术进步和行业专业化密切相关。商务英语学习趋向于数字化、在线化，注重跨文化沟通能力和行业专业化，同时也受到技术应用和社交媒体的影响。这些趋势使得商务英语的学习和实践更加灵活、多样，并适应不断变化的商业环境和需求。

第三章 "互联网+"时代高校商务英语专业教学模式创新

第一节 传统商务英语教学模式的特点与不足

一、传统商务英语教学模式的特点

传统商务英语教学模式主要基于课堂教学，强调教师的指导和标准化课程。传统商务英语教学模式的主要特点体现在教师中心、课堂授课和标准化教材上，这种模式通常更侧重于课堂教学和教师主导的活动。

（一）教师中心

教师中心是一种传统的教学模式，其中，教师扮演着信息传递者和知识权威的角色。这种教学方式强调教师在教学过程中的主导地位，学生则主要是知识的接受者。尽管教师中心教学模式在某些情况下仍然有效，特别是在传授基本知识和概念的情况下，但现代教育越来越强调学生中心的方法，鼓励学生更积极地参与、批判性思考和解决问题。因此，许多教育机构正在采用更多多元化的教学方法，以满足不同学生的需求，培养他们的创造性思维和自主学习能力。这些方法包括小组讨论、翻转课堂、问题解决等，其旨在提高教育的互动性和效果。

1.教师的角色

在教师中心教学模式中，教师扮演着教育过程的核心角色。他们的任务是有效地传授知识、指导学生，并评估他们的学术表现，以促进学生的学习和成长。然而，现代教育更多强调学生的主动参与和自主学习，因此，教师的角色也在逐渐演变，以适应新的教育理念和方法。

2. 学生的角色

在教师中心教学模式中，学生的角色通常是比较被动的，他们主要是知识的接受者和学习者。现代教育的趋势是强调学生的主动参与和自主学习。因此，教育机构越来越倾向于采用学生中心的教学方法，鼓励学生批判性思考、解决问题，并积极参与课堂和学习活动，这有助于培养学生的自主学习能力和创造性思维。

3. 教学方法和环境

教学方法和环境在教育中起着至关重要的作用，它们可以显著影响学生的学习效果和体验。选择适当的教学方法和环境取决于教育目标、学生群体和课程内容。现代教育趋向于多样化的教学方法和灵活的教学环境，以满足不同学生的需求和提高教育质量。此外，教育技术的进步也为创新的教学方法和环境提供了更多的机会，如在线学习平台、虚拟现实技术等。

4. 教学资源

教学资源是在教育过程中使用的各种工具、材料和信息源，它们有助于教师教授课程内容，学生学习和理解课程，提供支持和丰富教育体验。教育机构和教师通常会根据课程的性质与学生的需求选择和提供适当的教学资源。现代教育趋向于利用数字化技术和在线资源来丰富教育体验，提高学生的学习效果。同时，教育资源的多样性也有助于满足不同学生的学习风格和需求。

5. 教育效果和挑战

教育效果和挑战是教育领域中重要的考虑因素，是教育领域的核心问题。教育机构、政策制定者和教育者需要共同努力，以提高教育的效果，同时更好地应对教育中的各种挑战。这涉及提供平等的教育机会、提高教育质量、满足多样化学生群体的需求以及与不断变化的社会和技术环境保持同步。

随着教育理念的发展，现代教育越来越倾向于学生中心的方法，这种方法强调激发学生的主动探索、批判性思维和创造力。学生中心教育是现代教育理念的重要组成部分，强调教育过程应以学生为中心，关注满足学生的学习需求和培养他们的综合能力。学生中心教育的实施需要教育机构和教育者的积极参与和支持，它有助于培养更具创造力、独立性和自信心的学生，使他们能够更好地适应现代社会的挑战。此外,学生中心教育也有助于激发学生的学习兴趣和动力,提高他们的学习效果。

(二)课堂授课

课堂授课是传统的教学方法之一,广泛应用于学校和教育机构的教育过程中。在课堂授课中,教师扮演着知识传授者和指导者的角色,通过口头讲解和演示来传达课程内容。这种教学方法具有一些优点,例如,有助于及时解答学生的疑问、提供互动和面对面的学习体验等。然而,它也有一些局限性,可能导致学生的被动学习和信息"过载"。

随着教育领域的发展和技术的进步,现代教育越来越倾向于采用多元化的教学方法,以满足不同学生的学习需求和提高教育质量。因此,除了课堂授课之外,还有许多其他教学方法,如小组讨论、实验、在线学习、翻转课堂等,它们可以更好地促进学生的主动学习、批判性思维和创造性思考。教育机构通常根据教学目标和学生需求选择合适的教学方法,以提供更有效的教育体验。

1. 课堂授课的特点

课堂授课是一种传统的教学方法,它在教育领域中已经存在了很长时间。在这种教学方法中,教师通常在课堂环境中担任主导角色,通过讲解、演示和讲座等方式向学生传授知识和信息。

(1)教师主导

在课堂授课中,教师通常扮演主导角色,他们负责教授课程内容、解释概念和指导学生的学习。教师是知识的传递者和权威。

(2)知识传递

这种教学方法的主要目的是传递特定领域的知识和信息给学生。教师通常依靠讲座、演示、幻灯片等方式来传授知识。

(3)结构化课程

课堂授课通常是按照结构化的课程计划进行的,课程内容和学习目标在教师控制下进行。

(4)集中学习

学生需要在特定的时间和地点参加课堂授课,这意味着学习是集中进行的。

（5）互动有限

通常情况下，课堂授课的互动性相对有限，学生可能会被要求提问或回答问题，但互动程度通常不如其他教学方法高。

（6）传统评估

课堂授课通常使用传统的考试和作业来评估学生的学习成果。

（7）适用于各种学科

课堂授课是一种通用的教学方法，适用于各种学科和领域。

课堂授课是传统的教学方法，在许多教育机构中广泛使用，具有结构化、一致性和有效传递知识的特点。然而，随着教育理念的发展，越来越多的教育者开始采用学生中心教育方法，以提高学生的参与度、创造力和批判性思维能力。

2. 课堂授课的优点

课堂授课作为传统的教学方法，具有一些优点，这些优点在特定情境下仍然具有价值。

（1）结构化教学

课堂授课通常按照预定的教学计划进行，有一定的结构和组织，这有助于确保学生获得系统和全面的知识。

（2）知识传递

这种教学方法适用于将特定领域的知识和概念传递给学生，尤其对于基础知识的传授非常有效。

（3）教师的专业知识

教师作为知识的传授者和专家，可以提供深入的理解和解释，解决学生的疑惑。

（4）互动机会

虽然课堂授课的互动性有限，但学生仍然有机会提问问题和与教师互动，以便更好地理解课程内容。

（5）即时反馈

教师可以即时提供反馈，纠正学生错误的理解，帮助他们及时纠正错误。

（6）适用于大型班级

课堂授课适用于大型班级，可以有效地传达知识给大量学生。

（7）经济高效

传统的课堂授课通常不需要复杂的技术设备和资源，因此在经济上较为高效。

尽管课堂授课有这些优点，但也需要注意，在某些情况下它可能无法满足现代学生的多样化需求。因此，教育领域已经出现了更多灵活的和以学生为中心的教学方法，以适应不同学生的学习风格和需求。教学方法应根据教育目标、学生特点和课程内容来选择。

3. 课堂授课面临的挑战

课堂授课作为一种传统的教学方法，在应对现代教育需求和学生多样性时，可能会面临以下挑战。

（1）缺乏个性化教学

课堂授课通常无法满足不同学生的个性化学习需求。教师往往需要以一种普遍的方式传授知识，而无法根据每个学生的需求进行定制教育。

（2）有限的互动

课堂授课的互动性有限，学生的参与度可能较低，这可能导致一些学生失去兴趣，无法积极参与学习过程。

（3）知识传递重于批判性思维

课堂授课通常侧重于知识的传授，而较少强调学生的批判性思维和问题解决能力的培养。

（4）缺乏实践和应用

有些课堂授课可能过于理论化，缺乏实际应用和实践经验，这与现实世界的职业要求不太匹配。

（5）教学资源限制

课堂授课可能受限于教室设备和资源，无法提供现代技术和多媒体教育所需的资源。

（6）大班级管理挑战

在大班级中，课堂授课可能会面临管理挑战，教师难以与每个学生建立紧密联系。

（7）学生失去学习兴趣

一些学生可能在课堂授课中感到无趣或失去动力，尤其是当教学方法过于传统和单调时。

（8）难以适应在线学习

在线学习兴起的时代，将传统的课堂授课转移到在线平台上可能需要额外的技术和教育支持。

考虑到这些挑战，教育界正在积极探索创新的教学方法，以提高教育的质量和效果。其中包括采用学生中心教育方法、融入现代技术和多媒体教育、鼓励实践和合作学习以及提供更多个性化的学习体验。最终，教育者需要根据特定的教育目标和学生群体选择最合适的教学方法。

在现代教育中，通常采用多种教学方法的组合，以满足不同学生的需求和教学目标。课堂授课可以与小组讨论、实验、在线学习等教学方法结合，提供更丰富和多样化的学习体验。

（三）标准化教材

使用标准化的教科书和工作手册是传统课堂授课方法的一部分，重点是帮助学生学习固定的商务英语词汇和语法结构。这种方法具有一定的优点，例如提供了结构化的学习材料，有助于学生学习基础知识。然而，它也有一些限制和挑战，特别是在适应现代商业环境和多样化的学习需求方面。

1.课程内容

标准化商务英语教材的课程内容通常涵盖了广泛的商务主题和语言技能，以帮助学生在商业环境中进行有效的沟通。以下是一些可能包括在标准化商务英语教材中的课程内容。

（1）商务词汇和短语

教材通常包括常用的商务英语词汇和短语，如会议、合同、市场营销、财务等领域的词汇，以便学生能够进行商务交流。

（2）商务信函和电子邮件写作

学生通常会学习如何撰写商务信函、电子邮件和报告，包括格式、礼仪和语言风格。

（3）商务会议和演讲技巧

课程可能包括商务会议和演讲技巧的培训，以帮助学生在会议中表现自信并有效地传达信息。

（4）商务谈判技巧

学生可能会学习商务谈判的基本原则和技巧，包括提议、反驳和达成协议的技巧。

（5）跨文化交际

由于商务涉及国际交往，课程可能涵盖跨文化交际的理解和技巧，以避免文化误解。

（6）商务报告撰写

教材可能包括如何撰写商务报告、市场调查和市场分析的指导。

（7）商务案例研究

学生可能会分析和讨论实际商务案例，以了解商业决策和策略。

（8）商务文化

了解不同国家和地区的商务文化和惯例，以便在国际商务中表现得更为得体。

（9）模拟商务情境

教材可能包括模拟商务情境的练习，让学生在真实情境中应用所学的技能。

（10）商务伦理

商务伦理和社会责任的课程内容可能包括在教材中，以强调商务决策的道德考虑。

这些课程内容旨在帮助学生获得商务英语的核心技能，并为他们在商业领域成功就业提供必要的知识和技能。不同的商务英语教材可能会在这些内容的深度和范围上有所不同，以满足不同学习目标和水平的学生需求。

2.学习和评估

标准化教材的学习和评估是商务英语教育中的重要环节。学生需要通过系统学习教材内容并接受评估，来确保他们掌握了必要的商务英语知识和技能。以下是关于标准化教材的学习和评估的一些关键方面。

（1）学习标准化教材的步骤

①课前准备：在开始学习标准化教材之前，学生可以进行课前准备，包括熟悉课程大纲、目标和要求，这有助于他们明确学习的重点和期望。

②系统学习：学生应按照教材的结构和章节顺序进行系统学习，他们

可以阅读教材中的内容，理解词汇、语法和商务概念。

③实践和练习：学生可以通过实践和练习来巩固所学的知识。这包括撰写商务信函、参与商务会议模拟等活动。

④参与课堂讨论：如果有教师或同学之间的讨论活动，学生可以积极参与，分享自己的见解，这有助于深化学生对教材内容的理解。

⑤寻求帮助：学生如果在学习过程中遇到困难，可以寻求教师或同学的帮助。有时，教材中的内容可能会复杂或难以理解，故及时解决问题很重要。

（2）评估标准化教材的方法

①定期测验：教师可以定期组织测验，测试学生对教材内容的理解和掌握程度。这些测验内容可以包括选择题、填空题、阅读理解等。

②作业和项目：学生可以完成作业和项目，以展示他们在商务英语领域的应用能力。这可以包括写商务报告、制作演示文稿、参与模拟商务项目等。

③口头表达：口头表达是商务英语中的重要技能。学生可以进行口头报告、演讲或商务会议模拟，以展示他们的口头沟通能力。

④参与度：学生在课堂讨论和活动中的积极参与也可以被视为一种评估方式，他们的参与度和贡献可以反映在评估中。

⑤综合考试：教师可以组织综合考试，涵盖教材中的各个方面，以全面评估学生的商务英语能力。

⑥自我评估：学生可以自行评估自己的学习进度。他们可以使用自测题、练习题和教材中的答案来检查自己的答案，并找出需要改进的地方。

标准化教材的学习和评估有助于确保学生在商务英语领域获得必要的知识和技能，并为他们在职场中成功应用这些技能做好准备。这种方法通常是商务英语教育的一部分，但也可以与其他教学方法相结合，以提供更全面的教育体验。

3.学习环境

标准化教材的学习环境可以多样化，取决于学生和教育机构的需求和资源。以下是一些常见的标准化教材的学习环境。

（1）传统课堂学习

在这种环境中，学生在教室里参加课堂授课，由教师讲解教材内容，进行互动讨论并完成相关作业和测验。这种学习环境提供了面对面的教育体验，学生可以直接与教师和同学互动。

（2）在线学习

随着互联网的发展，许多标准化教材已经在线提供。学生可以通过在线课程平台访问教材内容，观看视频讲解，完成在线作业和测验。这种学习环境具有更大的灵活性，允许学生根据自己的时间表学习。

（3）混合式学习

混合式学习环境将传统课堂学习和在线学习相结合。学生可能会参加部分课堂授课，而其他部分则在线学习。这种模式允许学生在传统和虚拟学习环境中受益，并提供了更多的自主学习机会。

（4）自主学习

有些学生选择独立自主地学习标准化教材。他们可以购买教材自行阅读和学习，然后通过自测来评估自己的理解和掌握程度。这种学习环境强调自我驱动和自主学习能力。

（5）实验室学习

一些标准化教材可能需要在实验室环境中进行学习和实践。这通常适用于需要进行实验、模拟或技术操作的课程内容。

（6）社群学习

学生可以参加学习社群或学习小组，与同学一起学习和讨论教材内容。这种学习环境鼓励合作和互助。

（7）实践环境

在一些职业教育课程中，学生可能需要在实际商业环境中应用教材内容。这可能包括实习、实训或参与商业项目。

（8）个性化学习环境

一些教育技术允许学生在个性化的学习环境中访问标准化教材。这种学习环境可以根据学生的需求和进度进行定制。

学习环境的选择取决于学生的学习偏好、时间和地点的限制以及教育机构的资源和教学目标。不同的学习环境可以提供不同的学习体验，但目标是确保学生能够有效地学习和掌握标准化教材中的内容。

4. 限制

标准化教材在教育中发挥着重要的作用，但也存在一些限制和缺点。以下是一些标准化教材的限制。

（1）缺乏个性化

标准化教材通常设计成一种适用于广泛受众的教育资源，因此，可能无法满足每个学生的个性化学习需求。学生的学习风格、进度和兴趣可能各不相同，标准化教材未必能够充分考虑到这些因素。

（2）过时性

一些标准化教材可能会因时间推移而变得过时。特别是在快速发展的领域，教材内容可能无法跟上最新的发展和趋势。

（3）缺乏灵活性

标准化教材通常是固定的，不太容易根据特定教学需求进行修改或定制，教师可能需要额外的工作来适应课堂上的具体情况。

（4）可能不适应多元文化和跨文化学习

标准化教材可能过于集中在特定文化或国家的背景和情境中，不太适用于跨文化和多元文化学习。

（5）可能缺乏互动性

一些标准化教材可能缺乏互动性和参与性，学生只是被动地接受信息，而缺乏机会积极参与和应用知识。

（6）可能不够激发创造力和批判性思维

一些标准化教材可能更注重传授基本知识和技能，而并不太强调学生的创造力和批判性思维的培养。

（7）可能缺乏现实世界的应用

一些标准化教材可能过于理论化，缺乏将知识应用到实际商务环境中的机会。

（8）可能不适应特殊需求学生

对于有特殊学习需求的学生，如残疾学生或非母语学生，标准化教材未必能够提供足够的支持。

尽管标准化教材存在这些限制，但它们仍然是教育中的重要资源，可以作为教学的基础。教育工作者通常需要在标准化教材的基础上结合其他教学方法，以满足学生的个性化需求，提高教育效果。此外，不断更新和修订标准化教材以反映最新发展和趋势也是改进教育质量的一项重要任务。

随着技术的发展和教育需求的变化，传统的商务英语教学模式也在逐渐融入更多的互动性、技术应用和个性化学习元素。学生有机会在现实世界中应用所学知识，提高他们的商务英语能力，以适应全球化商业环境。同时，教育机构也需要不断更新教学方法和资源，以保证教育质量和与时俱进。

二、传统商务英语教学模式的不足

（一）教材选择不当

随着国际贸易交往日益频繁，很多学校都匆匆地开设了商务英语教程。教材的选用并没有结合学生的水平和特点。比如英语专业和非英语专业的学生都使用同一本教材，忽视了不同学生的特点和水平差别。有些学校想要速成，在没有开设商务英语初级课程的基础上，直接采用中级教材或进行中级考证培训，这样效果往往是不理想的。对于英语基础欠佳的非英语专业学生来说，课文的长难句太多、词汇量太大。慢慢地，他们会失去学习商务英语的兴趣。对于英语基础较好但没有修过商务课程的英语专业学生来说，虽然语言难度适合，但如果教材缺乏商务知识介绍，教师又没有相应的知识补充，他们会觉得文章的内容难以理解，在这种情况下，他们很难真正掌握商务技能。

（二）教学辅助材料不足

目前，很多商务英语的授课教师并没有学习过商务课程，也没有从事过商务方面的工作，他们大都对真实的商务工作环境不是很了解。因此，他们缺乏实用的商务英语材料，比如公司的年度报告、会议记录和商务访谈音频材料等。在这种情况下，教师的教学材料往往局限于课本里的文章和听力、写作练习，教材内容陈旧、缺乏实用性，导致学生学到的知识有限，很难掌握职场需要的商务技能。

（三）课室安排不合理

很多学校的商务英语课程都是采用传统的大班授课，这种方式一般适合以教师为中心的教学，但商务英语课的目的是锻炼学生的实际商务交际能力。因此，商务英语的课堂教学更适合采用小班教学。但学校往往没有根据课程特点调整班级人数和安排相应的教室。由于教室大,一个学生发言时,其他学生因为听不清楚很容易开小差。

（四）教学方法滞后

很多学校商务英语的教学都是采用以教师为中心的传统方法,整节课主要是教师在单向地传授词汇、语法知识。教师分析课文的语法现象、句型、对课文逐句翻译,然后让学生完成相关的词汇、语法和听力练习。这种方法不能调动学生学习的主动性和积极性,让学生过分依赖课文,缺乏独立思考和解决问题的能力。

第二节　"互联网＋"时代商务英语教学模式的特点

在"互联网＋"时代下,商务英语教学模式经历了显著的变革,以适应技术的进步和全球化商业环境的需求。"互联网＋"时代的商务英语教学模式更加灵活、互动、个性化,并注重实际应用和跨文化交际培训。这有助于培养适应全球化商务环境的商务英语专业人才。同时,教育机构和教师需要不断更新教育方法和资源,以适应这一新时代的教育需求。"互联网＋"时代的商务英语教学模式的特点主要体现在以下几个方面。

一、多媒体教材

在"互联网＋"时代的商务英语教学中,多媒体教材具有重要的作用。以下是关于多媒体教材的一些重要信息。

（一）多媒体元素

多媒体教材包括文字、图片、音频、视频、动画、模拟等多种元素。这些元素可以用于呈现课程内容、示例、案例分析等。

（二）互动性

多媒体教材通常具有互动性,学生可以与教材互动,如点击链接、播放视频、完成测验等。这种互动性能够更好地吸引学生的注意力,使其积极参与。

（三）视觉辅助

图像和视频可以帮助学生更好地理解和记忆课程内容。在商务英语教学中,视觉辅助可以用于展示商业场景、产品介绍、市场分析等。

（四）听力和口语练习

音频和视频可以用于听力和口语练习。学生可以听取不同口音的英语、商业演讲和会议录音，从而提高听力理解和口语表达能力。

（五）案例分析

多媒体教材可以包括实际商业案例的分析，通过视频和文本呈现真实的商业挑战和解决方案，可帮助学生学会应对实际问题的能力。

（六）在线平台支持

多媒体教材通常在在线学习平台上提供，学生可以随时随地访问。这种在线支持使学习更加便捷，还可以提供学习分析和反馈。

（七）跨文化培训

多媒体教材可以用于跨文化交际培训，通过展示不同文化的商务场景和交往方式，帮助学生适应全球化商业环境。

（八）自主学习

学生可以根据自己的学习进度和需求使用多媒体教材，以实现自主学习。这有助于个性化学习和提高学习效果。

多媒体教材丰富了商务英语教学的形式和内容，提供了更多的学习资源和互动机会。它们有助于学生更好地理解和应用商务英语知识，提高语言和跨文化交际能力。

二、互动学习

"互联网+"时代的商务英语教学更加注重互动性，这有助于提高学生的语言沟通能力和实际应用能力。以下是一些关于互动性在商务英语教学中的作用。

（一）在线讨论和课堂互动

学生可以参与在线讨论、课堂互动和实时聊天，与教师和同学讨论商务话题、分享观点和解决问题。这种互动促进了学生之间的知识交流和语言实践。

（二）小组项目

商务英语教学中常常包括小组项目，学生需要合作完成商业任务、策划营销活动或解决商业问题。这种合作锻炼了学生的团队合作和沟通能力。

（三）虚拟角色扮演

通过虚拟角色扮演，学生可以模拟商业会议、商务谈判或客户服务场景，练习商务英语的实际运用。这种实践性的互动有助于提高学生的口语表达能力和谈判技巧。

（四）实际案例分析

教师可以引入真实的商业案例，要求学生分析并提出解决方案。学生之间可以进行讨论和辩论，分享不同的观点和策略。

（五）在线模拟工具

互联网技术允许教师和学生使用在线模拟工具，模拟商务场景，如在线商务会议、虚拟公司管理等。这些工具提供了实际商业环境中的互动体验。

（六）即时反馈

在线互动还可以提供即时反馈机制，教师可以纠正学生的语言错误、提供建议，并鼓励学生积极参与。

互动性的商务英语教学有助于学生掌握语言技能，还能够在实际商业环境中更自信地运用这些技能。通过与教师和同学的互动，学生可以积累丰富的商务经验，提高跨文化交际和解决问题的能力。这种教学模式更符合现代商务沟通的需求，培养了学生在职场中的竞争力。

三、个性化学习

许多教育平台采用智能化技术来提供个性化学习的建议和练习，以更好地满足学生的需求和提高学习效果。

（一）个性化学习路径

智能化教育平台可以根据学生的学习进度、兴趣和弱点，自动调整学习路径。这意味着每个学生可以根据自己的需求获得定制的学习建议，从而更高效地学习商务英语。

（二）自适应练习

平台可以提供自适应的练习和测验，根据学生的表现调整题目的难度和类型。这有助于学生在合适的挑战水平上练习，提高自身技能。

（三）学习分析和反馈

智能化平台可以追踪学生的学习进度并提供实时反馈。这有助于学生了解自己的强项和需要改进的领域，帮助他们集中精力提高。

（四）多媒体和互动

一些平台结合多媒体元素和互动性，提供富有趣味性的学习体验。这可以激发学生的兴趣，使学习更吸引人。

（五）学习资源推荐

根据学生的学习目标，平台可以推荐相关的学习资源，如视频、课程材料、商务新闻等。这有助于学生获取多样化的学习材料。

（六）时间和地点的灵活性

学生可以随时随地访问智能化教育平台，选择适应自己的学习时间和地点。这种灵活性对于在工作中的专业人士尤为重要。

智能化教育平台为学生提供了更个性化、高效和灵活的学习体验。通过结合人工智能和大数据分析，这些平台可以更好地满足学生的学习需求，提高他们的学习效果。对于商务英语学习者来说，这种个性化的学习方法可以提高他们的语言技能，并提升他们在国际商务环境中的竞争力。

四、实际案例分析

商务英语教学强调实际应用能力，课程中通常包括实际案例分析和商业场景模拟，使学生能够将所学知识应用到真实的商务情境中。

（一）实际案例分析

商务英语课程通常包括实际案例分析，学生需要阅读和分析真实的商业案例，了解其中的语言和沟通挑战。通过这种方式，他们可以将学到的语言技能应用到解决实际商务问题的能力中。

（二）商业场景模拟

一些商务英语课程会进行商业场景模拟，学生扮演不同的商业角色，在模拟的情境中进行商务交流。这有助于他们锻炼实际应用的能力，如谈判、会议主持、客户服务等。

（三）实际项目合作

一些商务英语课程可能要求学生参与实际项目、与企业或组织合作的时候使用商务英语进行沟通和合作。这种实际项目合作不仅提供了实际应用的机会，还增强了学生的团队合作和解决问题的能力。

（四）商业沟通培训

商务英语教育通常包括商业沟通的培训，学生学习如何撰写商业邮件、报告、演讲等，以及如何进行有效的商务电话和视频会议。

（五）模拟商务会议和谈判

通过模拟商务会议和谈判，学生可以练习商业谈判技巧和会议主持能力。这有助于他们在实际工作中更自信地处理商务交流。

（六）实际商业新闻和材料

一些商务英语课程可能使用实际商业新闻和材料，让学生了解当前商业环境和趋势，从而更好地理解商务英语的实际应用。

通过这些实际应用的方法，学生能够在商务英语学习过程中培养实际工作中所需的技能，提升他们在国际商务环境中的竞争力。这种针对实际应用的教育方式有助于学生更好地规划自己的职业生涯。

五、跨文化交际培训

考虑到全球化商务环境，商务英语教育越来越重视跨文化交际培训，帮助学生了解不同文化的商业习惯和礼仪。

（一）文化敏感度培养

商务英语课程通常包括文化敏感度培养，学生需要了解不同文化的价值观、信仰、社交礼仪和商业习惯。这有助于避免文化冲突，提高跨文化合作的效率。

（二）国际商务礼仪

学生学习国际商务礼仪，包括商务礼仪、社交礼仪、名片交换等。这些礼仪在国际商务交流中非常重要，能够传递尊重和信任。

（三）跨文化沟通技巧

商务英语教育通常涵盖跨文化沟通技巧的培训，学生学会如何有效地与不同文化背景的人进行沟通。这包括语言表达、非言语沟通、跨文化谈判等方面的技能。

（四）案例研究和模拟

商务英语课程可能包括跨文化交际的案例研究和模拟情境，学生可以在模拟情境中练习跨文化交际技巧，了解在不同文化环境中如何应对挑战。

（五）国际商务伦理

学生可能学习国际商务伦理，了解在国际商务中应遵循的道德和法律准则。这有助于他们建立道德的商业行为和合作关系。

（六）文化差异的认识

商务英语教育鼓励学生对文化差异保持开放的认知态度，尊重不同文化，理解文化差异并从中受益。

通过跨文化交际培训，商务英语学生能够更好地应对全球商务挑战，推动建立跨国合作关系，增加在国际商务领域的成功机会。这种培训有助于打破文化壁垒，促进国际商务合作的顺利进行。

六、远程合作工具

在"互联网+"时代，学生可以利用各种远程合作工具与全球范围内的商业伙伴进行合作，从而提高跨国际商务交流能力。

（一）在线会议平台

工具如 Zoom、Microsoft Teams 和 Cisco Webex 等允许学生与世界各地的商业伙伴进行实时视频会议。这些会议可以用于商务谈判、项目合作、远程培训等。

（二）协作应用程序

协作工具如 Slack、Microsoft Teams 和 Trello 等允许学生与团队协作，共享文件、任务列表和交流信息。这对于国际项目管理和团队合作至关重要。

（三）虚拟项目管理工具

工具如 Asana、Basecamp 和 Monday.com 等可以帮助学生有效地管理国际项目。无论学生身在何处，他们都可以分配任务、跟踪进度并与团队成员协作。

（四）在线文档共享

学生可以使用云存储和文件共享服务来共享和协作编辑文档、报告和演示文稿。这使得跨国际文档协作更加容易。

（五）语言翻译工具

在线翻译工具如 Google 翻译可以帮助学生跨越语言障碍与非英语母语的商业伙伴进行交流。这对于跨国际业务很有帮助。

（六）虚拟团队建设平台

一些平台专注于虚拟团队建设，通过在线游戏和团队活动促进成员之间的合作和团队精神。这有助于培养国际团队的凝聚力。

通过利用这些远程合作工具，商务英语学生能够更轻松地与来自不同国家和文化背景的合作伙伴进行跨国际商务交流。这有助于培养他们的跨文化沟通和合作技能，为国际商务领域的职业发展提供了更多机会。

七、实时评估和反馈

在线教育平台可以提供实时的测验和反馈，帮助学生了解他们的学习进度并改进自己的表现。

（一）在线测验和考试

教师可以使用在线测验和考试工具，如 Google Forms、Quizlet 和 Moodle 等来进行定期的知识评估。学生可以即时获得他们的分数和反馈，帮助他们了解自己的学习进展。

（二）即时消息和电子邮件

教师可以使用即时消息应用程序或电子邮件来与学生保持联系。他们可以定期向学生提供反馈，回答问题并提供指导。

（三）在线讨论和反馈

教师可以创建在线讨论论坛，鼓励学生参与讨论并提供实时反馈。这有助于培养学生的批判性思维和表达能力。

（四）虚拟办公室

教师可以设定虚拟办公室，在这个时间段内，学生可以与教师进行一对一的在线会议，讨论学习问题并获得个性化反馈。

（五）学习管理系统（LMS）

许多学校和机构使用 LMS 来管理课程和学生。LMS 通常具有实时评估和反馈功能，包括在线作业提交和成绩记录。

（六）智能化教育平台

一些智能化教育平台使用人工智能技术来分析学生的学习表现，并提供个性化建议和反馈。这有助于学生更好地理解自己的学习需求。

（七）同行评估

教师可以鼓励学生进行同行评估，即互相评价和提供反馈。这有助于学生发展批判性思维和合作技能。

通过这些方法和工具，商务英语教育可以实现更加实时和个性化的评估和反馈，帮助学生不断改进他们的语言能力和商务技能。这有助于提高教育质量，更好地满足学生的学习需求。

八、终身学习机会

终身学习机会是"互联网 +"时代商务英语教育的一个重要特点。

（一）在线课程和学习平台

学生可以随时随地访问在线课程和学习平台，学习新的商务英语技能和知识。这些平台通常提供各种课程，包含从初级到高级水平，满足不同学习需求。

（二）自主学习

互联网为学生提供了自主学习的机会。学生可以自行选择学习资料、参加在线论坛、观看教育视频以及利用各种学习资源来提高自己的商务英语能力。

（三）在线社区和社交媒体

学生可以加入商务英语学习社区和关注相关领域的社交媒体账号，与其他学习者和专业人士进行交流和学习经验分享。

（四）持续专业发展

商务英语专业人士可以利用互联网资源来进行持续专业发展。他们可以参加研讨会或相关课程，以跟踪行业趋势和提高自己的职业技能。

（五）在线学位和认证

许多大学和机构提供在线学位和认证课程，使学生能够获得正式的学历和认证，从而在职业生涯中取得进一步的发展。

（六）个性化学习计划

互联网和智能化教育技术使个性化学习计划成为可能。学生可以根据自己的学习目标和时间表制订学习计划。

（七）跨学科融合

学生可以利用互联网资源来进行跨学科融合学习，将商务英语与其他领域的知识相结合，以应对复杂的商业挑战。

"互联网 +"时代为学生和专业人士提供了广泛的终身学习机会，使他们能够不断提高商务英语能力，以适应快速变化的商业环境，实现个人和职业发展的目标。这些机会强调了学习的连续性和灵活性，促进了知识的积累和应用。

第三节　基于"互联网 +"时代的商务英语教学模式创新

商务英语是一门偏重实践的复合型学科，商务英语专业的学习侧重于听说和翻译能力的掌握。随着教育信息化时代的到来，互联网与各行各业的联系日益加深，尤其是在各级各类教学中的运用越来越广泛。在教育信息化大发展的背景之下，各高校都采用了多媒体等信息化教学手段。如何更好地将高新技术手段与学生学习相结合是高校教学讨论的重点。因此，实施"互联网 +"商务英语教学模式是高等教育发展的必然趋势，它可以提高学生的商务英语技能学习兴趣，创造良好的商务语言环境，满足学生不断变化的个性化学习需求。

一、"互联网 +"商务英语教学模式的实践价值

互联网技术的不断普及和应用给商务英语教学带来了极大的便利。在互联网时代要充分发挥互联网的作用，加强与社会各界的联系。在互联网时代，高校英语教育面临着机遇与挑战。高校英语教育改革的方向应以互联网等高科技手段为基础，构建以多元化的学习环境为导向的多元化教学模式。

（一）满足互联网时代教育信息化的要求

随着信息化技术和跨境电商行业的快速发展，外贸业务实践操作知识更新频率越来越快。在跨境电子商务业务跨越式发展的背景下，如果商务英语专业的学生仅仅认为掌握书本上的外贸实操知识就够了的话，那么他们毕业后就无法真正从事外贸工作。"互联网 + 教育"为教育管理、教育教学及教育科研等领域深入融合现代化信息技术手段来实施教育改革与发展提供可能，可实现优质教育资源均衡化和教育过程的网络化、信息化、智能化。目前，"互联网 + 教育"已经成为高等教育创新人才培养模式、提升人才培养质量、增强就业竞争力、实施因材施教和精准教学的必然选择。"互联网 + 教育"使数字化、网络化、智能化和多媒体化的教育形式与学习形式可以无处不在。传统的教学与学习理念、方法、模式与内容发生了重大变革，

真正把学习主动权交给了学生，每个学习者的个体差异可以切实得到关注并发挥自身的专长，从而实现提高教学效率，培养创新型人才。

（二）满足高校多元化教育模式的需要

在20世纪70年代，联合国教科文组织就提出人类应该向"学习型社会"迈进。创造商务英语专业实践教学的学习环境，探索专业动手能力学习的创新模式，培养商务英语专业学生在校学习期间就具备创新创业意识和能力，是国家倡导的"学习型社会"的重要内容。互联网技术在商务英语实践教学中的运用不仅满足了高校商务英语专业教学的需要，而且满足了外贸业务实操技能教学模式的需要，同时学生的创新创业意识和能力直接影响到学生的个人未来职业发展和终身学习能力的发展。"互联网 +"商务英语教学模式的实施恰好符合这一教学模式的需要，突破了时间、空间的限制，有利于学生的全面发展。

（三）适应高校商务英语专业教学改革的要求

当前，社会对商务英语专业人才的要求越来越高，要求学生不断提高综合职业素质和专业技能，学生不能也不再愿意被动地接受教师在课堂上传授的专业知识。适应高校商务英语专业教学改革的要求需要教育机构、教师和学生的共同努力，以确保教育体系与现代商业环境保持同步，并为学生提供具备广泛知识和技能的教育。这有助于培养出更具竞争力的商务英语专业人才，适应"互联网 +"时代的商业挑战和机会。

二、"互联网 +"教学在商务英语实践中的应用

（一）尊重个体差异，满足每个学生的学习需求

在互联网快速发展的信息化时代，学生随时随地可以利用网络资源进行专业知识学习。教育信息化快速发展打破了传统教学模式的局限性，让大学生的专业学习过程更加自由民主，充分尊重个体差异。商务英语专业的学生可以根据自己的具体情况在线收集相关专业课程信息，并根据自己的学习进度制订日常学习计划，合理安排自己进行外贸技能实践。这样既满足了不同个体的专业实践学习要求，又在一定程度上培养了学生良好的自主学习能力和创新创业能力，有效地解决了传统课程从源头上遇到的问题。在"互联网 +"商务英语教学模式的实践中，可以有效地加强师生之间的交流，为商务英语的学习创造良好的学习环境，有助于提高学生的英语素养。

（二）实现在线课程资源共享，更容易获取教学资源

互联网时代的到来使资源共享成为可能，使各式各样的学习素材更容易获取。学生在商务英语专业学习过程中遇到的问题可以通过百度、搜狗等多种搜索引擎找到，也可以通过发帖，请求论坛帮助获取教学资源。网络教育打破了传统教育的局限性，各种专业相关的教学资源应运而生。学生还可以快速搜寻各大高校的商务英语专业在线课程教学资源。

在商务英语教学过程中，运用"互联网+"的教学模式，使商务英语专业实践教学方法更加灵活，有效丰富了教学内容，实现了在线开放课程资源共享，提高了教学资源的利用率，最大限度地提高了教学效果。

（三）学习方法多样化，教学效果得到有效提高

在以往的学习过程中，学生通常都是通过书本、杂志和报纸来学习的。但是在"互联网+"教学模式下，打破了以往单一的学习模式，学生可以通过互联网等平台获得所需的专业学习素材和专业实践机会，还可以通过微信群、博客等方式进行在线学术讨论。在"互联网+"教学模式下，教师应合理构建知识网络，使学生真正参与教学环境，真正实现商务英语知识的主动学习。运用"互联网+"教学模式有效地进行商务英语教学，弥补了传统教育过程中的不足。"互联网+"可以为学生创造一个良好的移动学习平台。学生可以利用英语口语的语音评估功能，通过网络进行及时反馈。学生也可以利用反馈信息及时纠正错误，提高英语口语能力。同时，网络数据分析技术能够及时记录学生的英语学习情况。通过对记录数据的分析，教师可以及时了解学生专业学习的实际情况，并根据学生在学习过程中存在的不足采取适当的教学策略，帮助学生及时解决学习问题。在"网络+教学"模式下，网络教学拓展了课堂教学的内容，大大提升了商务英语专业实践教学效果。

（四）构建大学生英语交流平台

近年来，市场上已经出现了许多成熟的英语学习软件。它们满足了不同学生的个性化需求，深受大多数学生的喜爱。然而，这些应用程序的使用与课堂知识的学习没有多大关系，很难实现在线和离线模式的结合。学校或教师应在教学活动中建立有效的移动学习平台，发布与教学课堂学习相一致的课外知识。还可以建立班级微信群，搭建学生交流平台，为学生创造良好的移动学习环境。学校可以为学生建立学习资源库，加强对"互联网+"教

学理念的宣传，建立专门的个人移动学习空间，为学生提供良好的学习环境。同时，积极开展相关的英语实践活动，及时指导学生的学习问题，帮助商务英语专业的学生更好地学习。教师可以将学生分成不同的学习小组，让他们以小组的形式参与学习。这样学生就可以充分利用自己的主观行为，建立奖励机制，鼓励学生更好地自主学习。可见，"互联网+"教学模式的协作学习是教育发展的新方向。在这种环境下，学生可以更广泛地吸收学习资源，并且在学习过程中更有动力。他们可以随时随地开展学习活动，丰富视野并提高学习效率。

综上所述，在"互联网+"时代背景下，任课教师应有效地将网络信息技术融入课堂教学过程中，激发学生的内在商务英语专业学习动机，提高学生的外贸学习兴趣，让学生充分参与到商务英语实践教学中来。"互联网+商务英语"的教学活动能积极引导学生自主学习外贸知识和外贸技能，大大提高商务英语专业实践教学效果。因此，高校商务英语教学在实施"互联网+"商务英语教学模式的过程中，教师务必要紧密联系网络技术和课堂教学活动，切实提高商务英语专业实践教学效果。

第四节 商务英语教学模式创新的实践与效果评估

商务英语教学模式的创新是为了更好地适应全球化和数字化的商业环境以及满足学生多样化的学习需求。以下是一些商务英语教学模式创新的实践与效果评估方法。

一、教学模式创新实践

商务英语教学模式创新实践是为了更好地适应"互联网+"时代的商业环境和技术进步，培养具备高度专业知识和技术能力的商务英语人才。

（一）数字化教育平台

建立在线教育平台是一项重要的商务英语教学模式创新实践。这种创新有助于提供灵活性、便捷性和个性化的学习体验，以满足学生的不同需求。可在以下一些关键方面建立成功的在线教育平台。

1.多媒体教材

开发多媒体教材，包括文本、图像、音频和视频，以增强学习体验。

这些教材可以涵盖商务英语的各个方面，如商务沟通、商务写作、跨文化交际等。

2. 互动课程

设计互动课程，包括在线讲座、小组讨论、虚拟实验室等。互动课程有助于学生积极参与学习过程。

3. 在线测验和评估

提供在线测验和评估工具，以帮助学生测试他们的知识水平，并及时获得反馈。这有助于学生了解自己的学习进度。

4. 个性化学习路径

利用智能教育技术，根据学生的学习进度、兴趣和需求提供个性化的学习路径和建议。这有助于每位学生按照自己的步伐学习。

5. 在线讨论和协作工具

提供在线讨论和协作工具，使学生能够与同学和教师进行互动。这促进了学生之间的合作和知识分享。

6. 技术支持

确保学生能够轻松访问平台，并为学生提供技术支持，以解决任何技术问题。稳定的技术基础是在线教育的关键。

7. 安全和隐私

确保学生的个人信息和学习数据得到妥善保护，遵守相关的隐私法规。

8. 课程管理系统

使用课程管理系统来跟踪学生的学术进展、分配作业和管理课程材料。

9. 不断更新

不断更新教材和课程内容，以反映最新的商务英语趋势和技术进展。

10. 评估和改进

定期评估在线教育平台的效果，并根据学生和教师的反馈进行改进。

建立成功的在线教育平台需要综合考虑技术、教育理念和学生需求，以提供高质量的商务英语教育。这种创新实践有助于培养适应"互联网+"时代商务环境的商务英语人才。

（二）虚拟商务环境

使用虚拟现实（VR）技术创建模拟商务环境是一种创新的教育实践，

可以为商务英语学生提供更实际的商务体验。以下是一些关键步骤和考虑因素。

1. 虚拟商务环境设计

创建虚拟商务环境,包括办公室、会议室、展览会等。这些环境应模拟出真实的商务场景,以便学生能够在虚拟世界中进行商务活动。

2. 虚拟商务会议和谈判

在虚拟环境中安排商务会议、谈判和交流活动。学生可以扮演不同的商务角色与虚拟合作伙伴互动,提高商务谈判和沟通技能。

3. 实际商务情境模拟

模拟各种实际商务情境,如销售谈判、客户服务、市场调研等。学生可以在虚拟环境中应用商务英语技能解决问题。

4. 语音和语言识别技术

整合语音和语言识别技术,以便学生能够与虚拟角色进行口头交流,并获得语法和发音反馈。

5. 虚拟导师和反馈

为学生提供虚拟导师或指导,以引导他们在虚拟商务环境中的学习。虚拟导师可以提供实时反馈和建议。

6. 学习分析和评估

跟踪学生在虚拟环境中的学习进展并进行评估。这可以帮助教师了解学生的弱点和需求,以提供更有针对性的指导。

7. 技术支持和培训

确保学生和教师能够使用虚拟现实技术,提供技术支持和培训。

8. 互动性和沉浸感

虚拟现实环境应具有足够的互动性和沉浸感,以使学生感到他们真正参与了商务活动。

虚拟现实技术的应用可以增强商务英语学生的实际商务技能,提高他们在商业环境中的自信和竞争力。这种创新教育实践有助于培养适应"互联网+"时代商务环境的商务英语人才。

（三）项目驱动学习

将学生分成小组,要求他们完成实际商业项目是一种有效的教育方法,可以培养团队合作和问题解决能力。

1. 项目选择

选择与商务英语相关的实际商业项目。这些项目可以包括市场调研、商业计划书编写、产品推广策划等，以确保学生能够应用商务英语技能解决实际问题。

2. 小组组建

将学生分成小组，每个小组应包括不同背景和技能的成员，以模拟真实商业团队的多样性。

3. 项目指导

为每个小组指派一名教师或导师，负责指导和监督项目的进展。导师可以提供建议和反馈，帮助学生克服困难。

4. 项目计划

每个小组应制订详细的项目计划，包括任务分工、时间表、目标和可衡量的成果。这有助于确保项目按计划进行。

5. 资源和工具

提供学生所需的资源和工具，如图书馆资源、市场调研工具、商业分析软件等，支持他们的项目工作。

6. 定期汇报

要求小组定期向教师或导师汇报项目进展并接受反馈。这有助于确保项目在正确的方向上前进。

7. 最终成果

要求每个小组提交最终的项目成果，如市场调研报告、商业计划书、推广策略等。这些成果应反映学生的商务英语能力和实际应用能力。

8. 评估和反思

对学生的项目成果进行评估，并要求他们反思整个项目过程。这有助于他们从经验中学到教训并不断改进。

通过这种项目驱动的教学方法，学生可以在实际商务环境中应用他们的商务英语技能，培养团队合作和问题解决能力。这种实际项目的学习经验有助于提高学生的职业竞争力，并使他们更好地适应"互联网 +"时代的商务环境。

（四）跨学科合作

将商务英语与其他专业领域的教育机构合作，实现跨学科融合，可以为学生提供更丰富的学习体验和知识。

1. 共同课程

合作机构可以共同开设课程，将商务英语与其他学科融合在一起。例如，可以开设商务英语与国际商务管理的联合课程，让学生同时学习商务英语和国际商务管理知识。

2. 项目合作

学生可以参与跨学科项目，与其他学科的学生合作解决实际问题。例如，商务英语专业的学生可以与计算机科学专业的学生合作开发跨文化沟通工具。

3. 研究合作

合作机构可以共同进行研究项目，探讨商务英语在其他学科领域的应用。这有助于推动跨学科研究的发展。

4. 实习和实践

学生可以参与跨学科的实习和实践项目，获得跨领域的实际经验。例如，商务英语专业的学生可以在科技公司进行市场营销实习。

5. 交流活动

定期举办跨学科交流活动，让不同学科的学生和教师分享知识和经验。这有助于促进跨学科思维和合作。

跨学科融合可以拓宽学生的视野，培养他们的综合能力，并使他们更好地适应"互联网＋"时代的复杂商务环境。这种教育模式有助于培养具备多领域知识的复合型人才，让他们能够在不同领域中取得成功。同时，跨学科融合也有助于推动创新和解决复杂的跨领域问题。

（五）远程实习

与跨国公司建立联系并为学生提供远程实习机会是一种非常有价值的实践方法，可以为商务英语专业的学生提供国际商务经验。以下是实施这一实践的步骤和效益。

1. 步骤

（1）建立联系

学校积极与跨国公司、国际组织或国际商会等建立联系是推动远程实习项目成功的关键步骤之一。

①建立联系团队：学校可以组建一个专门的联系团队或合作办公室，负责与潜在合作伙伴建立联系和维护合作关系。

②研究潜在合作伙伴：学校应该研究潜在的跨国公司、国际组织或国际商会，了解它们的业务领域、价值观和合作需求。

③制定合作提案：学校可以制定详细的合作提案，包括远程实习的目的、计划、学习目标、学生资格要求等信息，以便与潜在合作伙伴共享。

④寻找合适的联系人：学校可以通过专业网络、行业会议或社交媒体寻找合适的联系人，向他们介绍合作提案并邀请合作。

⑤建立初步联系：学校可以通过电子邮件、电话或在线会议与潜在合作伙伴建立初步联系，表达合作意向并安排进一步的讨论。

⑥参加行业活动：学校可以参加行业相关的活动和会议，与潜在合作伙伴面对面交流，并建立更紧密的联系。

⑦持续沟通：建立联系后，学校应该保持持续的沟通，确保合作伙伴了解项目的进展和重要信息。

⑧灵活适应：学校应该根据潜在合作伙伴的需求和反馈，灵活调整合作提案和计划，以满足双方的期望。

通过积极建立联系，学校可以找到适合的合作伙伴，为学生提供有价值的远程实习机会，同时，促进商务英语专业的发展和国际化。这种合作不仅有助于学校和合作伙伴的双赢，还为学生提供了丰富的学习体验和职业发展机会。

（2）制定合作协议

合作协议是学校和跨国公司之间建立远程实习项目的重要文件，它明确了各方的责任和权益，确保实习的顺利进行。

①实习安排和期限：合作协议应明确实习的开始和结束日期以及每周

的工作小时数。这有助于学生和公司安排时间。

②学习目标：协议中应列出学生在实习期间需要达到的学习目标，这些目标应与商务英语专业的课程内容相关。

③工作任务和项目：描述学生在公司实际工作中将承担的具体任务和项目，确保与学习目标一致。

④导师和指导：指明在公司负责指导学生的导师或指导人员，并明确他们的角色和职责。

⑤学生责任：明确学生在实习期间的职责和要求，包括工作纪律、报告提交等。

⑥评估和反馈：说明如何对学生的表现进行评估和反馈，以及实习结束后的评估方式。

⑦保密协议：如果涉及机密信息或敏感数据，应包括保密协议，以明确信息保护的责任。

⑧学生权益：确保学生的权益得到保护，包括薪酬、工作条件和福利等方面。

⑨解决争议：协议中可以包括解决争议的机制，以应对潜在的纠纷情况。

⑩合同终止条件：描述合同可以终止的情况和程序。

⑪附加条款：根据具体合作情况，可以添加其他附加条款，如知识产权、保险要求等。

合作协议的制定应该充分考虑学校和公司的需求，以确保双方都能从合作中获益。此外，合作协议也有助于建立明确的沟通和合作框架，提高实习项目的成功率。

（3）招募学生

学校可以通过招募有兴趣的学生来参加远程实习项目，确保他们具备必要的语言和商务能力。

①招募程序：学校可以在商务英语专业的学生中进行招募，通常会发布实习项目的通知和要求。招募程序应该明确学生申请的截止日期、申请材料和评选标准。

②语言能力要求：确保参加实习的学生具备足够的英语语言能力，以便能够有效地与跨国公司进行交流。这可以通过语言测试或面试来评估。

③商务能力要求：考虑学生是否已经学习了相关的商务英语课程，以及是否具备相关的商务知识和技能。

④个人面试：对有兴趣参加实习的学生进行面试，以了解他们的动机、期望和适应能力。这有助于确保学生适合远程实习项目。

⑤项目匹配：将学生的技能和兴趣与远程实习项目的要求匹配起来，以确保他们能够在实际工作中发挥作用。

⑥提供培训：在学生参加实习之前，可以为他们提供必要的培训，以帮助他们适应远程工作环境和项目的要求。

⑦监督和支持：在实习期间，学校应该提供监督和支持，确保学生顺利完成实习项目，并能够解决可能出现的问题。

⑧反馈和评估：在实习结束后，收集学生的反馈并对实习项目的效果进行评估。这有助于不断改进远程实习项目的质量。

通过精心策划和管理，学校可以为学生提供有意义的远程实习机会，帮助他们在商务英语领域获得实际经验，提高就业竞争力。同时，这种实习项目也有助于建立学校与跨国公司之间的合作关系。

（4）提供支持和指导

学校和跨国公司可以合作为学生提供支持和指导，确保他们在远程实习项目中能够适应国际商务环境并顺利实现学习目标。

①导师指导：分配一位经验丰富的导师或指导员负责与学生保持联系，并提供反馈和指导。导师可以帮助学生了解公司文化、项目要求和期望，并解答他们的问题。

②定期会议：安排定期的远程会议，让学生与导师或公司代表进行沟通。这些会议可以用于项目进展报告、问题讨论和目标设定。

③培训和资源：为学生提供必要的培训和资源，以帮助他们掌握所需的技能和知识。这可以包括在线培训课程、文档资料和工具介绍。

④问题解决支持：确保学生知道如何在遇到问题时获得支持。这包括提供紧急联系方式，以便学生在需要时能够及时获得帮助。

⑤评估和反馈：定期对学生的工作进行评估并提供有建设性的反馈。这有助于学生改进自己的表现，并确保他们达到学习目标。

⑥文化适应培训：如果学生需要适应不同文化的商务环境，可以提供

文化适应培训，帮助他们理解并尊重不同文化的商业习惯和礼仪。

⑦社交机会：安排学生参加公司内部或行业活动，以帮助他们建立专业人际关系并扩展商务网络。

⑧远程工作支持：提供关于远程工作最佳实践的建议，以确保学生能够有效地管理时间和任务。

通过这些支持和指导措施，学生将更容易适应国际商务环境，取得成功并实现学习目标，同时也有助于建立学校和跨国公司之间的合作关系。这种合作对于学生的职业发展具有重要意义。

（5）实施远程实习

远程实习是学生获得国际商务经验和跨文化沟通技能的绝佳机会。

①跨文化沟通：学生将与来自不同国家和文化背景的同事合作，学习如何有效地沟通、协调和解决问题。这有助于提高跨文化沟通技能。

②国际商务知识：通过参与国际商务项目，学生将了解国际市场、贸易法规、国际业务流程等相关知识。这有助于拓宽他们的商务视野。

③团队合作：与国际团队合作将锻炼学生的团队合作和协作能力，他们需要协调不同时区的工作时间和任务分工。

④问题解决：在跨国合作中，学生可能会遇到各种挑战和问题，这将锻炼他们的问题解决技能和创新思维。

⑤自主学习：远程实习通常要求学生更加自主地管理自己的工作和学习进程，这有助于培养自主学习和时间管理能力。

⑥国际网络：与国际同事和导师建立联系将帮助学生扩展国际商务网络，这对未来的职业发展非常重要。

⑦实际经验：参与实际的国际商务项目将为学生提供宝贵的实际经验，这在未来求职中具有竞争力。

远程实习为学生提供了锻炼和发展各种关键技能的机会，使他们更好地适应国际商务环境。这种经验对于他们的职业生涯将产生积极影响。

（6）评估和反馈

对学生的实习表现进行评估和提供反馈是实习项目的重要部分。这可以帮助学生了解他们的强项和需要改进的领域，并确保他们能够获得最多的学习经验。

①评估标准的制定：学校和跨国公司可以共同制定明确的评估标准，以便衡量学生在实习期间的表现。这些标准可以包括工作质量、项目完成情况、沟通技能等方面。

②定期会议：定期会议可以用于讨论学生的进展和问题。学校指导教师和公司导师可以一起参加这些会议，共同评估学生的表现并提供反馈。

③书面报告：学生可以向学校提交实习报告，详细地描述他们在项目中的工作、遇到的挑战和取得的成就，这些报告可以用于评估学生的实际经验。

④反馈会话：定期的反馈会话可以用于直接与学生交流，讨论他们的表现。这是一个机会，学生可以提出问题并获得有关如何改进的建议。

⑤评估工具：使用评估工具，如360度反馈，可以获得来自不同角度的反馈，包括同事、导师和学生自评。

⑥总结报告：在实习结束时，学校和公司可以共同编写总结报告，总结学生的实习经验和成果，并提供未来建议。

通过这些评估和反馈机制，学生可以更好地了解他们在实习中的表现，从而提高相关技能。这对于他们未来的职业发展至关重要。

2. 效益

（1）实践经验

远程实习为学生提供了宝贵的国际商务实践经验，这对于提高他们的职业竞争力具有重要意义。

①国际商务经验：学生有机会参与国际商务项目，了解跨文化合作、国际市场、贸易政策等方面的实际情况。这种经验对于未来从事国际商务领域的职业非常有价值。

②跨文化沟通能力：与国际团队合作，学生将提高跨文化沟通和合作的能力。这对于在跨国公司或国际组织工作时非常重要。

③实际问题解决：实际商务项目通常涉及解决实际问题。通过远程实习，学生可以锻炼解决问题和决策制定的能力。

④建立全球网络：与国际公司合作，学生将有机会建立国际商务领域的专业网络。这有助于未来的职业发展。

⑤职业竞争力：拥有国际商务实践经验的学生在求职市场上更具竞争

力，特别是在寻求国际性职位的情况下。

总之，远程实习为学生提供了独特的机会，使他们能够在国际商务领域获得宝贵的经验，并为未来的职业道路做好准备。这种实践经验不仅增强了他们的知识和技能，还增加了他们的职业吸引力。

（2）跨文化能力

通过与国际团队合作，学生有机会显著提高跨文化沟通和合作能力，这对于在全球化商务环境中成功工作非常关键。

①跨文化沟通技能：学生将学会在不同文化背景的同事和合作伙伴之间进行有效的沟通。他们将理解不同文化的价值观、信仰和沟通风格，从而更好地协调合作。

②全球团队协作：与国际团队合作将锻炼学生在跨越地理和文化边界的情况下进行协作的能力。他们将学会如何协调不同时区的工作、处理语言差异以及解决跨文化冲突。

③文化敏感度：学生将培养对不同文化的敏感度，包括了解文化差异、尊重他人的文化背景和习俗。这将有助于建立更加积极的工作关系。

④问题解决和创新：在跨文化团队中，学生可能会面临不同文化视角导致的问题。解决这些问题需要创新和灵活性，这有助于培养他们的问题解决和创新能力。

⑤领导力：在国际团队中，学生有机会扮演领导角色，带领跨文化团队完成项目。这有助于培养他们的领导力和团队管理技能。

通过与国际团队合作，学生将获得丰富的跨文化经验，这将使他们在国际商务领域更有竞争力。这些能力对于未来的职业生涯至关重要，特别是在全球化商务环境中。

（3）建立国际职业网络

与国际团队合作不仅有助于学生获得宝贵的跨文化经验，还为他们建立了国际职业网络，为未来的职业发展提供了重要的资源和机会。

①全球化职业机会：通过与国际团队合作，学生可以了解全球不同地区的商业机会和市场趋势。这有助于他们在未来寻找国际职业机会。

②国际合作伙伴：学生将与来自不同国家和背景的合作伙伴建立联系。这些合作伙伴可能成为未来的商业合作伙伴、导师或客户。

③行业洞察：与国际团队合作可以让学生了解全球不同行业的最新趋势和最佳实践。这有助于他们在特定行业中保持竞争力。

④职业建议：学生可以与国际职业导师和专业人士建立联系，向他们寻求职业建议和指导。这可以帮助他们更好地规划职业发展道路。

⑤文化多样性：建立国际职业网络将使学生接触到各种文化和背景的人。这有助于培养他们的文化敏感度，提高跨文化交际能力。

建立国际职业网络为学生提供了广阔的职业发展机会和资源，有助于他们在全球化商务环境中成功发展自己的职业。这种国际化的职业网络未来可能成为他们职业生涯中的重要资产。

（4）国际视野

通过与国际团队合作和建立国际职业网络，学生有机会拓宽他们的国际视野。

①文化了解：与不同国家和地区的合作伙伴一起工作，使学生能够深入了解各种文化的商务实践、价值观和沟通方式。这有助于他们更好地适应跨文化工作环境。

②国际市场洞察：学生可以通过与国际合作伙伴交流，了解不同国家和地区的市场趋势和机会。这为他们未来的国际市场营销和战略规划提供了宝贵的信息。

③跨文化沟通：通过与国际团队合作，学生将提高他们的跨文化沟通能力。这对于有效的国际商务交流至关重要，有助于建立成功的商业关系。

④全球化思维：学生将培养全球化思维，能够更广泛地考虑商务决策和战略，他们将更好地理解全球化对商业的影响。

⑤国际合作潜力：建立国际职业网络可能为学生提供与国际合作伙伴或客户合作的机会。这有助于拓展业务和开拓新市场。

国际视野的拓宽对于商务英语专业的学生来说是非常有益的，它有助于他们在全球化商务环境中获得竞争优势，更好地理解和应对国际商务挑战。

（5）学校声誉

学校的国际合作项目不仅有益于学生个人的成长和发展，还可以提高学校的声誉和知名度。

①国际化形象：学校积极参与国际合作项目，表明学校具有国际化的

教育理念和视野。这有助于树立学校的国际化形象，吸引来自世界各地的学生和教职员工。

②国际排名：学校参与国际性的项目和合作伙伴关系可能有助于提高学校在国际大学排名中的地位。这可以吸引更多国际学生和教育合作机会。

③国际合作伙伴关系：建立国际合作伙伴的关系可以为学校提供更多的研究和教育机会。这有助于学校扩展其学术和研究领域，吸引来自世界各地的顶尖教职员工和研究人员。

④校友网络：学校的国际合作项目可以为校友网络的建立提供机会。这将有助于校友之间的联系和互助，为学校的声誉和影响力作出贡献。

⑤吸引国际资源：学校声誉的提升可能会吸引更多的国际资源，包括资金、合作伙伴关系和赞助。这将有助于学校的发展和教育质量的提升。

学校积极参与国际合作项目有助于提高其声誉和知名度，这对于吸引优秀的学生、教职员工和资源非常重要。同时，这也有助于学校更好地履行其教育使命，为学生提供更广泛的教育和发展机会。

（六）个性化学习路径

利用智能教育技术实施个性化教育对于提高学生的学习效果和满足不同学习需求非常重要。

1.学习分析和数据收集

使用教育技术工具来收集学生的学习数据，包括学习速度、知识点掌握情况、学习偏好等。这些数据可用于了解每个学生的学习需求。

2.智能教育平台

选择或开发智能教育平台，该平台能够根据学生的数据和学习历史提供个性化的学习路径和建议。这些平台通常利用机器学习算法来预测学生的需求。

3.自适应学习材料

提供自适应学习材料，这些材料可以根据学生的水平和兴趣进行调整。例如，自适应学习应用程序可以推荐适合学生水平的阅读材料或练习题。

4.定制化学习计划

根据学生的学习需求和目标创建定制化的学习计划。这包括制定学习目标、课程安排和评估方法。

5. 实时的学习反馈和建议

提供实时的学习反馈和建议，帮助学生改进学习策略。这可以包括针对特定知识点的额外练习或建议的学习资源。

6. 多样化的学习资源

为学生提供多样化的学习资源，包括视频、音频、互动模拟等。这样学生可以选择最适合他们学习风格的资源。

7. 跟踪学生进展

持续跟踪学生的学习进展，确保他们按计划学习。如果学生遇到困难，系统应该能够及时提供支持。

8. 学习社交化

鼓励学生与同学互动和合作，共同学习和解决问题。社交化学习可以增强学生的参与度和学习动力。

9. 隐私和数据安全

确保学生的隐私和数据安全，合法合规地使用他们的学习数据来提供个性化建议。

10. 不断评估和改进

不断评估和改进个性化学习系统，以适应学生和技术的变化。

通过这些方法，学校可以更好地满足学生的学习需求，提高他们的学术成就和学习体验。个性化学习也有助于培养学生的自主学习能力和问题解决能力，这些技能在未来的职业生涯中非常重要。

（七）跨文化培训

加强跨文化培训是提高商务英语专业学生的综合素质和国际竞争力的重要举措。

1. 文化教育

为学生提供跨文化教育，包括不同国家和地区的文化背景、商务礼仪、价值观和传统。学生应该了解不同文化之间的相似性和差异性。

2. 模拟国际商务场景

在课堂中模拟真实的国际商务场景，让学生扮演不同国家或地区的商业代表，进行商务会议、谈判和交流。这有助于他们适应不同文化的商务环境。

3. 语言培训

提供专门的语言培训，包括口语和书面交流，以确保学生能够流利地与不同文化的人进行交流。

4. 案例分析

通过分析国际商务案例，让学生了解不同文化下的商业决策、策略和挑战。这可以帮助他们更好地理解跨文化商务。

5. 文化交流项目

组织学生参与国际文化交流项目，让他们亲身体验不同文化和语言环境。这可以是交换项目、实习或志愿者活动。

6. 跨文化沟通技能

教授学生跨文化沟通技能，包括有效的文化适应能力、跨文化谈判技巧和文化敏感度。

7. 国际商务模拟比赛

鼓励学生参加国际商务模拟比赛，与来自不同国家的学生竞争。这可以锻炼他们的跨文化交际和商务技能。

8. 国际化课程设计

设计国际化的商务英语课程，包括跨文化交际的内容，以培养学生的跨文化能力。

9. 文化导师

为学生提供文化导师或指导，帮助他们理解和适应不同文化的挑战。

10. 反馈和评估

定期评估学生的跨文化交际能力，并根据需要提供反馈和改进建议。

通过这些举措，学生可以更好地应对国际商务环境中的挑战，提高跨文化交际能力，为未来的职业发展打下坚实的基础。同时，这也有助于促进全球商务合作和对不同文化的理解。

（八）实时评估和反馈

利用在线测验和实时评估工具可以有效地了解学生的学习进展，提供有针对性的反馈，以及改进建议。

1. 定期在线测验

设计定期的在线测验，覆盖课程中的关键概念和技能。这可以帮助教师了解学生的掌握程度，及时发现学习中的问题。

2. 自动化评估工具

使用自动化评估工具，例如，在线测验平台可以减轻教师的工作负担，并确保评估的客观性。

3. 开放性问题

除了选择题和填空题，还包括一些开放性问题，鼓励学生进行思考和分析。这有助于评估他们的批判性思维和问题解决能力。

4. 实时反馈

及时提供学生的测验成绩和反馈，让他们了解自己的表现。同时，建议他们在需要改进的方面进行进一步学习。

5. 个性化建议

根据学生的测验表现，提供个性化的建议和学习资源。这可以帮助他们在特定领域或技能上取得进步。

6. 课堂互动工具

在课堂中使用互动工具，如投票系统或在线问答，以及时了解学生的理解程度，并解答他们的问题。

7. 教学数据分析

分析学生的测验数据，以识别整体趋势和需要重点关注的领域。这可以指导教师调整课程内容和教学方法。

8. 自评和同侪评估

鼓励学生进行自我评估，并进行同侪评估，以促进互相学习和提供反馈。

9. 反馈循环

建立反馈循环，确保学生理解反馈意见，并在后续学习中进行改进。

10. 透明度和可及性

确保学生能够轻松访问测验成绩和反馈，以及时了解自己的学术表现。

通过这些方法，教育者可以更好地支持学生的学习，并促进他们的成长和进步。及时的反馈和个性化建议有助于学生更有效地掌握商务英语技能，提高他们的职业竞争力。

（九）国际交流项目

推动学生参与国际交流项目是培养商务英语专业学生跨文化交际和国际合作能力的重要举措。

1. 国际合作伙伴关系

学校可以积极与国际合作伙伴建立联系，包括其他大学、跨国公司、国际组织等。建立合作伙伴关系可以为学生提供国际交流的机会。

2. 学术交流计划

开设学术交流计划，允许学生在特定学期或学年前往其他国家的大学学习。这可以让学生体验不同的文化和教育系统，提高跨文化交际的能力。

3. 国际实习项目

与跨国公司或国际组织合作，为学生提供国际实习机会。学生可以在国际商务环境中获得实践经验，了解国际商务流程。

4. 文化交流活动

组织文化交流活动，包括国际文化展示、节日庆祝活动等。这可以帮助学生更好地理解和尊重不同文化。

5. 在线合作项目

通过在线平台将学生与外国学生或商业伙伴进行跨国合作项目。这可以促进跨文化合作和商务交流。

6. 跨文化培训

提供跨文化交际培训课程，帮助学生适应国际交流环境，了解跨文化沟通技巧和文化差异。

7. 语言课程

提供外语课程，帮助学生提高语言能力，更好地与外国合作伙伴交流。

8. 国际商务竞赛

鼓励学生参加国际商务竞赛，锻炼商业技能，与国际学生竞争。

9. 导师支持

为学生提供导师支持，帮助他们规划国际交流项目，解决可能遇到的问题。

10. 评估和认可

确保国际交流项目的学分得到学校的认可，并在学生的学术记录中予以记录。

通过以上方法，学校可以积极推动学生参与国际交流项目，提高他们的国际视野、跨文化交际能力和国际商务合作技能。这些经验对于学生未来的职业发展和在全球化商务环境中获得成功至关重要。

（十）终身学习意识

培养学生的终身学习意识是商务英语专业教育的重要任务之一。以下是一些方法和建议，可以帮助学校培养学生的终身学习意识。

1. 强调学习的重要性

在课程中强调终身学习的重要性，并解释为什么学生需要不断更新知识和技能以适应变化的商业环境。

2. 鼓励主动学习

教育学生如何主动寻找新知识和学习资源。引导他们使用学术数据库、在线课程、教育应用程序等。

3. 提供资源支持

学校可以建立学习资源中心，提供学习指导、研究支持和在线图书馆等资源，帮助学生获取所需信息。

4. 持续的专业发展

教育学生参与持续的专业发展，如参加研讨会、工作坊、商务英语协会会议等，以了解行业趋势和最新发展。

5. 鼓励实践

强调实践经验的重要性，鼓励学生参与实习、项目和实际商业情境，以应用所学知识。

6. 导师支持

为学生提供导师支持，帮助他们规划终身学习计划、设定学习目标，并提供反馈和建议。

7. 促进反思

教育学生定期反思自己的学习和职业目标，以确保他们的知识和技能与市场需求保持一致。

8. 认可终身学习成果

鼓励学校提供终身学习的认证和荣誉，以激励学生不断学习和成长。

9. 推广学习文化

在校园中推广学习文化，鼓励学生积极参加学术和专业活动，与教师和同学分享知识和经验。

10. 关注行业趋势

确保商务英语课程跟随行业趋势，教授最新的商业知识和技能。

通过这些方法，学校可以培养学生的终身学习意识，帮助他们在职业生涯中不断适应变化，保持竞争力并取得成功，这对于在"互联网+"时代的商务英语专业学生来说尤为重要。这些创新实践有助于提高商务英语专业教育的质量和效果，使学生更好地适应"互联网+"时代的商业挑战和机会。

二、教学模式创新效果评估

（一）学生反馈

通过问卷调查、访谈或焦点小组获取学生对教学模式的直接反馈。

（二）学习成果评估

通过考试、作业和项目成果来评估学生对知识和技能的掌握程度。

（三）技能应用

评估学生在实际情境（如实习、模拟活动）中应用所学知识和技能的能力。

（四）课程完成率和平均绩点

跟踪学生的课程完成率和平均绩点，将其作为教学效果的一个指标。

（五）就业率和职业发展

跟踪毕业生的就业率和职业发展，评估教学模式对学生职业成功的影响。

（六）长期跟踪研究

对毕业生进行长期跟踪，评估教学模式对其职业生涯和终身学习能力的影响。

通过这些创新实践和评估方法，商务英语专业可以不断优化其教学模式，更好地满足学生和市场的需求，培养适应当今商业环境的高素质人才。

第四章　"互联网+"时代高校商务英语专业课程体系建设

第一节　商务英语专业课程体系的构建原则

商务英语专业实践教学体系的目标定位应当以工学结合的政策性要求、培养高素质技术技能人才的现实需要以及对学生能力培养的客观需要为依据，坚持特色性原则、以"生"为本原则、层次性原则、社会化原则以及理论与实践相结合原则，构建科学合理的实践教学体系。

一、特色性原则

商务英语专业在构建实践教学体系时必须充分考虑特色性原则，具体包括：高校特色和专业特色。高校特色就是从实际出发，以能力为本位，以培养学生的职业能力为主要目的。如果脱离了职业能力的培养，高校就失去了人才培养的特色。作为高校教育的重要内容，商务英语专业在遵循高校人才培养方向的同时，还要坚持自己专业的特色。商务英语作为专门用途英语的一个分支，体现了英语知识与技能和商务知识与技能的"双重复合"，因此，商务英语专业就是要培养在商务背景下能熟练运用商务英语的高素质技术技能人才。

为充分体现特色性原则，高校商务英语实践教学体系在构建过程中，必须做到：培养定位准确、目标明确，将语言、商贸、服务结合在一起；专业教学由学科体系向"职业能力本位"转化，由注重语言向语言、商贸并重转化；工学结合、产学合作更加紧密，顶岗实习趋于完善，学生实践技能的培养特色更加明显；针对职业岗位要求，结合专业实际和特色，改进人才培养方案，创新人才培养模式，逐渐形成"工学结合"的人才培养模式；在积极探索实践中形成订单培养、工学结合、工学交替、校企互动、顶岗实习等教学模式，形成产学结合的长效机制，对同类专业起到示范、带动作用。

二、以"生"为本原则

人才培养是高等院校的根本任务。以"生"为本原则就是指要根据学生生理、心理的特点，把价值引领和理论教育、实践教育等有机地结合起来，有针对性地根据青年学生需求设计实践内容、实践手段，充分体现对学生个体的尊重。高等院校在构建实践教学体系时应该做到以"生"为本，在确立高水平优质就业的目标基础上，要做到职业素养与职业技能培养并举、学历教育与岗前培训相结合。既要培养学生说的能力、做的能力、学的能力，又要推进以"品德优化、专业深化、能力强化、形象美化"为主要内容的学生职业素养提升工程。商务英语专业实践教学体系构建要以"生"为本，就要突出培养学生的能力，始终把培养学生熟练的英语沟通能力、扎实的商务知识与技能以及与现代商务环境相适应的信息处理能力作为重点；对商务英语专业理论和实践教学体系的建设和实施、教学计划、实习实训等环节进行较全面的改进，最大限度地培养学生的职业能力。

三、层次性原则

层次性原则是指实践育人工作要针对不同年级和不同类型的学生群体特征和个性特征，采取不同的途径、方法分别进行设计、规划和实施。按照"系统规划、分类设置、分层安排、有效衔接、整体推进"的要求，构建大学生实践教育的活动载体和工作体系。就商务英语专业而言，英语的工具作用显得尤为突出：英语既是商务英语专业教学与学习的"工具"，也是开展国际商务活动的"工具"。然而，高等院校学生的学习基础相对薄弱，这就要求高等院校在构建实践教学体系时必须坚持层次性原则，在坚持循序渐进的基础上，注意以培养学生的学习兴趣和动手能力为主，因材施教，充分发挥每个学生个体的潜力。下面以三年制的高等专科学校为例进行分析。

（一）有层次的校内实践教学模块设计

按照层次性原则，在三年相对短暂的高等院校校内学习时间里，商务英语专业校内实践教学模块可以从以下三个层次开展实施。

第一个层次：在一年级阶段，以基本技能训练为主，主要培养学生的商务英语听、说、读、写、译等能力。无论是在课程设置上，还是在课堂教学上，都要进行大量密集的英语教学和训练，大量采用以商务为背景的语言材料，使学生在学习语言知识和技能的同时掌握一定的商务专业词汇和文化背景知识。

第二个层次：在二年级阶段，以商务专项为主，主要培养学生商务英语沟通的综合能力。学生经过一年的系统学习，在掌握英语和各项基本商务技能后，通过综合实训将单项的技能联系起来，综合运用、融会贯通。同时，加强整个商务活动流程的实训教学，提高学生的商务沟通能力（跨文化交际能力）、协调能力、团队协作能力等，为学生将来从事商务方面的工作打下扎实的基础。

第三个层次：在三年级阶段，以综合职业能力培养为主，包括创新创业教育能力培养。鼓励、指导在自主创业、科技创新等方面有优势的学生率先实践。

当然，这三个阶段的实践教学内容并不是一成不变的，教师可以根据学生的实际特点进行灵活调整，给予针对性的辅导。

（二）有层次的校外实践教学模块设计

校外实践教学同样应该坚持层次性原则。商务英语专业在计划、部署校外实践教学时，要坚持层次性原则，即必须从学生的实际出发，制订计划、实施与总结，给予他们最直接、及时与有效的指导，而不是很直接地、很随意地就把学生"扔"入社会。这就跟跑马拉松一样，迈步之前的热身是一种适应性练习，对最后的成功也起着非常重要的作用。对于刚入学的一年级的高校学生而言，他们对这个世界的了解可能更多的是停留在感性上，那么校方应该多组织他们赴企业参观、学习，从而让他们对这个现实的社会、对当前的经济形势和企业发展有一种清晰的认知；对二年级的高校学生，实践教学重点可以放在鼓励他们深入社会、企业做调研，在深度了解企业文化的基础上开始规划自己的职业生涯；对三年级即将毕业的高校学生，学校应该把重点放在社会"实习"上，指导他们逐步适应职场，在实际工作中提升自己。

四、社会化原则

商务英语专业实践教学还应该坚持社会化原则。"闭门造车"只会故步自封。但我们终究是"社会人",脱不了与他人接触的干系。我们还要教会学生如何在激烈的市场竞争中生存与发展,秉承实践教学的社会化原则,想方设法地通过搭建行业、企业与专业的合作桥梁,让学生在社会这一大课堂里不断地学习、感受、体会、发展,真正提升自身的职业素质和职业能力,实现自己的梦想。

五、理论与实践相结合原则

商务英语专业实践教学对提高学生的综合素质、培养学生的创新精神和实践能力有着理论教学不可替代的特殊作用,但同时又与理论教学相辅相成、相互促进。商务英语专业需要积累的知识很多,既有英语语言的,也有商务专业的。如若只是蜻蜓点水地"教"与"学",必然不能起到加深印象的作用,反而会因为知识的"模棱两可"而在实践中无法很好地"表现",甚至会犯不必要的错误。因此,帮助学生学好英语,使其尽可能系统地掌握相关的商务知识与技能非常重要。与此同时,英语的使用与商务操作都涉及很多技巧与技能,需要在实践中发展、完善与更新,从而保持与时俱进。在构建高校商务英语实践教学体系时,必须从学生的实际出发,结合学院特色和地方特色,合理地将理论与实践有效结合,为培养出一大批有知识、有文化、有内涵、有远见、有能力的商务人才这一目标而努力。

第二节 商务英语专业课程体系的构建与开发

一、构建实践教学课程体系

（一）实践教学课程开发

学校培养人才主要是通过教学活动进行的,教学计划是教学活动的前提,而教学计划的核心是课程结构。课程结构是培养合格人才的重要保证,同时是将宏观的教育理论和微观教学实践联系起来的桥梁。商务英语专业实践教学必须以商务英语专业人才培养目标和人才培养规格为依据,通过对社会需求和岗位的分析,建立"以就业为导向,以能力为本位,以技能训练为轴心"的综合课程体系,切实培养学生的职业能力,从而形成自身的特色,这样才能在当今激烈的市场竞争中具备竞争优势。

在构建高校特色商务英语实践教学课程体系的同时,各高校应该根据区域经济转型升级需要，探索建立专业设置和调整的动态机制，强化专业群、专业、课程、产业、行业、岗位的匹配度，最大限度地保障专业学生的就业质量而非仅仅是就业率。同时，在遵循学院人才培养的框架下，探索专业大类招生，推进专业大类教学，提高学生的岗位适应性与可持续发展能力；大力实施"品牌专业建设战略"，打造优势专业群，凝练专业特色，提升专业建设整体水平。

（二）教材编著

教材是高校学生学习的一条重要途径，能帮助学生在最短的时间里学习、了解相关行业知识、技能与职业素养的要求，在步入职场门槛时不至于像无头苍蝇般慌乱、紧张与不知所措。然而，我们应该清晰地看到，现在市面上的教材虽然琳琅满目，但鱼目混珠的也不少。教材是提高高校教育人才培养质量的关键环节，因此，加强教材的建设和管理是深化职业教育教学改革的有效途径，也是推进人才培养模式质量改革的重要条件，更是推动高校协调发展的基础性工程。不然学生学的是一套，做的又是一套，很容易发生问题，必然导致时间、精力、人力与财力的浪费。不趁在校时多学点有用的知识，踏入社会这个"课堂"后就要"徒伤悲"了。为此，高校商务英语实践教学需要有相应配套的教材，所编（著）的教材要优化选题，内容上应减少重复，重点围绕专业课程改革、教学资源开发、教学方式创新等方面组织开展建设研究。同时，应尽量体现国内外先进的职业教育理念，反映该课程及所属学科发展的新水平和新成果。只有这样，才能有效地将"书本"与"实践"相结合，最大限度地为学生的课堂实践与社会实践提供认知上与情感上的支撑、依托与满足。

二、实践教学体系开发

开发实践教学体系对于商务英语专业的教育至关重要，因为它有助于学生将所学知识应用到实际商业环境中，并提高他们的实际应用能力。以下是开发实践教学体系的一般步骤和要点。

（一）需求分析

1.确定学生和行业的需求

了解学生所需的实际商务技能和行业对商务英语专业人才的需求是开发实践教学体系的关键步骤。

（1）学生需求分析

通过调查问卷调研：设计并分发调查问卷，了解学生对实际商务技能的需求和期望。问卷可以涵盖多个方面，如沟通能力、商务谈判、项目管理等。进行焦点小组讨论：组织小组讨论会议，与学生亲密互动，深入了解学生对实践教育的看法和建议。

（2）行业需求分析

与行业专业人士合作：建立联系并与行业专业人士、雇主和企业代表交流，了解他们对商务英语专业人才的期望。查阅行业报告：研究行业报告和趋势，以确定哪些商务技能当前最受欢迎以及哪些技能可能在未来更为重要。

（3）校企合作

与企业合作开展项目：与当地企业建立合作关系，开展实际项目或提供实习机会，以便学生能够在实际商务环境中获得经验。邀请行业专家来校做讲座：邀请具有商业背景和经验的行业专家来校园做讲座，与学生分享实际工作中的挑战和需求。

（4）跟踪行业趋势

订阅商业杂志和新闻：跟踪商业领域的最新趋势和发展，以便了解新兴技能和领域。参加行业会议和研讨会：参加商业领域的会议和研讨会，与专业人士互动，了解行业发展。

（5）与其他高校交流

与其他高校合作：与其他高校交流经验，了解他们的实践教学体系和商务英语专业的需求分析方法。建立网络：加入相关教育组织和在线社交网络，与其他教育者和专业人士分享经验和见解。

通过这些方法，高校可以更加全面地了解学生和行业对商务英语专业的实际需求，从而有针对性地开发实践教学体系，培养出更符合市场需求的专业人才。

2.调查学生背景

了解学生的先前经验和背景是开发实践教学体系的关键步骤，有助于确定教学的起点和重点，以确保教育过程更加个性化和有效。

（1）学生调查

设计问卷或调查表，向学生询问关于他们的学术背景、工作经验、技能水平和学习兴趣等方面的信息。这可以通过在线调查工具或纸质调查表进行。

（2）面试和谈话

与学生进行一对一或小组面试，以深入了解他们的背景和目标。在面谈中，可以提问关于他们的职业经历、学习经历和职业目标的问题。

（3）学术记录分析

分析学生的学术记录，包括之前的课程成绩、项目经验和学术荣誉等，以了解他们的学术表现和兴趣领域。

（4）技能评估测试

进行技能评估测试，以确定学生在不同领域的技能水平。这可以包括语言水平测试、技术技能测试或商务技能测试。

（5）小组讨论和反馈

在课程开始前或早期，组织小组讨论，以便学生分享他们的经验和兴趣。这可以帮助教师更好地了解学生的背景。

（6）学生档案

建立学生档案，记录他们的背景信息和个人目标。这些档案可以在整个课程中进行更新，并用于制订个性化的学习计划。

了解学生的先前经验和背景后，教师可以更好地调整课程内容和教学方法，以满足学生的需求和兴趣。这有助于提高教育的有效性，使学生更容易实现他们的学术和职业目标。

（二）目标设定

1.制定明确的教育目标

制定明确的教育目标是教育过程中的一个重要步骤。教育目标应当具体、可度量，并与学生的需要、兴趣和能力相一致，这些目标通常包括知识掌握、技能发展、态度形成和个人成长几个方面。例如，对于一个数学课程，教育目标可能包括理解特定的数学概念、发展解决问题的能力、培养逻辑思维等。制定明确的教育目标有助于教师设计课程、评估学生表现，并指导学生朝着预定的方向努力。同时，这也有助于学生理解课程要求，明确自己的学习方向和目标。

2.确定评估标准

（1）对应教学目标

评估标准应该直接对应教学目标。这意味着如果教学目标是提高解决问题的能力，评估标准应该衡量学生在解决问题方面的表现。

（2）多样化的评估方法

使用多种评估方法，如书面考试、项目作业、口头报告、同行评价等，可以更全面地评估学生的学习成果。

（3）明确和具体

评估标准应该是明确且具体的，使学生能够理解如何达到这些标准。

（4）公平和一致

确保所有学生都在相同的标准下被评估，避免出现偏见和不一致。

（5）可行性

评估方法应该是可实施的，考虑到资源、时间和环境的限制。

（6）持续反馈

提供定期和及时的反馈，帮助学生理解他们当前的表现以及如何改进。

（7）自我评估和反思

鼓励学生参与自我评估和反思，以提高他们的自我监控和学习技能。

（8）符合标准和法规

确保评估标准符合教育标准和法规要求。

通过这些步骤，教师可以创建一个公平、透明且有效的评估系统，不仅有助于准确测量学生的学习成果，还能激励他们朝着目标努力。

（三）设计课程

1.制定课程大纲

（1）确保与商业环境的实际需求对接

课程内容应与当前商业环境中的实际需求相符合，如商务沟通、国际贸易术语、商业报告的撰写等。

（2）平衡理论与实践

课程应涵盖必要的理论知识，同时强调实践应用。这包括案例研究、角色扮演、模拟商业场景等，以提高学生的实际运用能力。

（3）跨文化交流能力的培养

在全球化的商业环境中，跨文化交流能力至关重要。课程设计应包括跨文化沟通的技巧，理解不同文化背景下的商业习俗和沟通风格。

（4）语言技能的全面发展

除了商业专业知识，还应关注听、说、读、写四个方面的语言技能提升，确保学生能全面有效地使用英语进行商务交流。

（5）灵活性和适应性

课程大纲应有一定的灵活性，以便根据行业动态、学生反馈和教师的经验进行调整。

（6）技术的运用

考虑到现代商业环境中技术的重要性，应引入相关的技术工具，如电子邮件沟通、在线会议工具、数据分析软件等的使用培训。

（7）评估方法的多样性

评估应覆盖课程的各个方面，包括书面作业、口头报告、小组项目等，以全面评价学生的学习成效。

（8）持续的反馈和改进

课程大纲应定期进行审查和更新，确保其内容和方法与商业界和教育领域的最新趋势保持一致。

（9）符合学术和职业标准

确保课程内容符合教育机构的学术标准和职业资格认证要求。

（10）注重实际工作技能的培养

比如团队合作、领导力、时间管理等技能的培养，这些对于商业职场同样重要。

在设计课程大纲时，以上注意事项能帮助确保课程内容丰富、实用，能有效地提升学生的商业英语能力。

2.整合实际案例

确保商业英语课程包含真实的商业案例和情境，以便学生能够应用所学知识，是提高课程实用性和教学效果的关键。

（1）与企业合作

与当地企业或国际公司合作，获取真实的商业案例。这样的合作可以提供实习机会，让学生在实际商业环境中应用所学的知识。

（2）使用最新的商业新闻和趋势

定期整合最新的商业新闻、市场动态和行业趋势到课程中。这可以通过订阅专业商业出版物、在线新闻源和行业报告来实现。

（3）邀请行业专家讲座

邀请来自不同商业领域的专业人士来上课，分享他们的经验和案例。这样的互动不仅增加了课程的实践性，还可以帮助学生建立职业网络。

（4）案例研究教学法

采用案例研究教学法，让学生分析和讨论真实商业案例。案例研究可以来自商业教科书、实际商务项目或成功/失败的企业案例。

（5）模拟商业情境

创建模拟商业情境，如模拟公司、模拟市场环境等，让学生在控制的环境中实践和应用所学知识。

（6）项目式学习

让学生参与实际的项目工作，如市场调研、商业计划书编写或营销策略设计。这些项目可以是虚构的，但应基于现实世界的数据和情境。

（7）跨学科整合

整合其他学科的知识，如经济学、管理学、市场营销等，以提供更加全面的商业视角。

（8）实地考察和研讨会

组织实地考察活动，让学生亲自访问企业，了解其运作方式和企业文化。

（9）技术的应用

教授学生使用商业软件和工具，如 CRM 系统、数据分析软件等，以提高他们的技术能力。

（10）持续更新课程内容

随着商业环境的不断变化，应定期更新课程内容，确保案例和情境的相关性和现实性。

通过这些方法，商业英语课程将更加注重实践和应用，帮助学生做好进入真实的商业世界的准备。

（四）教学方法

1. 采用多样化的教学方法

采用多样化的教学方法在商业英语课程中尤为重要，因为它可以满足不同学习风格的学生的需求，同时可以使学习过程更加生动和有效。

（1）互动式讲座

在讲座中穿插问题和小组讨论，鼓励学生积极参与，提高课堂互动性。

（2）案例研究

通过分析真实的商业案例，让学生应用所学知识解决实际问题，提高理解和批判性思维能力。

（3）角色扮演和模拟练习

模拟商务会议、谈判和演讲等场景，让学生在实践中学习商业英语的使用。

（4）小组合作项目

通过小组合作完成项目，如市场调研、商业计划书编写等，促进团队合作能力的培养。

（5）互动式多媒体教学

利用视频、音频和互联网资源，提供多媒体学习体验，适应不同学习风格的学生。

（6）讨论和辩论

组织课堂讨论和辩论，鼓励学生表达自己的观点，提高口语表达和逻辑思维能力。

（7）客座讲座

邀请行业专家和商业人士进入课堂，分享自己的实际经验和知识。

（8）实地考察和学习之旅

组织学生参观企业和参加商业活动，提供实地学习的机会。

（9）自主学习和研究

鼓励学生进行自主学习和研究，如撰写论文、进行专题研究等。

（10）在线和混合学习

结合在线资源和平台进行教学，提供灵活的学习方式。

（11）反思性学习

鼓励学生反思自己的学习过程和成果，通过写学习日志、自我评估等方式进行。

通过这些多样化的教学方法，商业英语课程不仅能够提高学生的英语技能，还能够增强他们的商业知识和实际应用能力。

2. 提供实时反馈

为学生提供实时反馈和指导是教育过程中极为重要的环节，它帮助学生了解自己的进步和需要改进的地方。

（1）即时口头反馈

在课堂上，教师可以立即对学生的发言、回答问题或进行的演示给出口头反馈。这种即时的反馈对于学生立即纠正错误和加深理解非常有帮助。

（2）使用技术工具

利用教育技术工具，如在线学习管理系统（LMS）、即时消息软件等来提供及时的反馈。这些工具可以使教师更快地回复学生的提问和作业。

（3）个别指导时间

设定固定的办公时间或预约时间，让学生可以单独咨询教师，获取更个性化的指导和反馈。

（4）同侪评审

鼓励学生在小组内相互评审作业和演示。同侪评审不仅可以提供额外的反馈视角，还能促进学生之间的学习交流。

（5）课堂观察和实时反馈

在学生进行角色扮演、演示或小组讨论时，教师可以观察并提供实时反馈，指出优点和需要改进的地方。

（6）快速批改和反馈

尽快批改作业和测试，以便学生能及时了解自己的表现。

（7）电子反馈系统

通过电子邮件或学习管理系统提供详细的书面反馈，这样学生可以在任何时间进行复查。

（8）反馈的具体性和建设性

确保提供的反馈是具体的、有针对性的并且具有建设性，帮助学生理解如何改进。

（9）鼓励自我反思

指导学生如何进行自我评估和反思，帮助他们识别自己的强项和需要改进的领域。

（10）定期的进度会议

定期与学生进行一对一的进度会议，讨论他们的整体表现、进步和未来的学习目标。

通过这些方法，教师可以为学生提供有意义的、及时的反馈和指导，从而促进他们的持续进步和发展。

（五）资源准备

1. 提供所需资源

为了确保商业英语课程的成功，提供适当的学习资源是非常重要的。

（1）教科书和参考书籍

选择适当的教科书和参考书籍，它们应该涵盖商业英语的各个方面，如商务写作、口语沟通、专业术语等。

（2）在线资源和数据库

提供访问在线学习资源和数据库的途径，如电子书籍、学术文章、行业报告、新闻网站等。这些资源可以帮助学生了解商业世界的最新动态和趋势。

（3）多媒体材料

利用视频、音频和交互式在线课程等多媒体材料，可以增强学生的学习体验，并满足不同学习风格的需求。

（4）商业案例

提供真实的商业案例，这些可以来自历史成功或失败的企业案例或者是当前的商业事件。

（5）软件和应用程序

提供商业相关的软件和应用程序的访问权限，如项目管理工具、演示软件、财务分析工具等。

（6）模板和工作表

为商业文档撰写（如商务计划书、市场分析报告）提供模板和工作表，以帮助学生学习标准格式和行业惯例。

（7）在线论坛和讨论组

创建在线论坛和讨论组，让学生可以相互交流想法、讨论课程内容和分享资源。

（8）客座讲师和行业专家

安排客座讲师和行业专家的讲座或研讨会，为学生提供行业见解和职业建议。

（9）实际项目和实习机会

与企业合作，可以为学生提供实际的项目参与机会或实习岗位，让他们在实际工作环境中应用所学知识。

（10）语言学习支持工具

如词典、语法参考书、在线语言学习平台等，帮助学生提高英语水平。

通过提供这些资源，学生可以更有效地学习商业英语，同时也能够获得必要的支持来提升他们的商业知识和技能。

2. 创建合适的学习环境

创建合适的学习环境对于商业英语课程的成功至关重要。良好的学习环境不仅能提高学习效率，还能激发学生的兴趣和参与度。

（1）舒适的物理环境

确保教室或学习空间舒适、明亮，并具备适当的温度和通风条件。座椅和桌子应符合人体工程学设计，以减少学生的身体不适。

（2）技术支持

配备必要的技术设备，如电脑、投影仪、音响设备和高速互联网。这些技术支持对于多媒体教学和在线资源的访问非常重要。

（3）鼓励互动和合作

布置教室空间以促进学生间的互动和团队合作。例如，可采用圆桌或"U"形座位排列，以便于学生之间的交流和讨论。

（4）创造包容的氛围

建立一个支持性和包容性的学习环境，鼓励学生自由表达意见，但要尊重多元文化背景。

（5）提供资源和材料

确保学生能够方便地获取到所需的学习资源，如图书、参考材料、案例研究等。

（6）灵活的学习空间

提供可变动的学习空间，以适应不同的教学活动，如小组讨论、角色扮演、演示等。

（7）鼓励自主学习

设置专门的自学区域，配备自学所需的资源和材料，鼓励学生在课下进行自主学习。

（8）健康和安全

确保学习环境的健康和安全，包括良好的照明、消防安全设施、清洁的环境等。

（9）噪音控制

控制噪音水平，以免干扰学生的注意力和学习集中度。

（10）鼓励反馈和改进

让学生对学习环境提出反馈，根据他们的需要不断改进和调整。

通过综合考虑这些方面，可以为商业英语学习创建一个有利的、积极的、高效的环境。

（六）实施

1. 安排课程计划

确保实践教学体系按计划实施是教育管理的重要部分，涉及课堂教学、实验、项目等多个环节的组织和协调。

（1）明确的课程规划

确保所有的课程和活动都有明确的目标和计划，包括课程内容、教学方法、实验安排和项目任务等。

（2）资源的充分准备

为实践教学准备必要的资源，包括教学材料、设备、实验室、软件等。资源的充足是保证课程计划顺利执行的基础。

（3）教师培训和准备

确保教师对实践教学的内容和方法有充分的理解和准备，定期进行教师培训和研讨，以提高教学质量。

（4）学生的事前准备

提前向学生传达实践教学的目的、要求和预期成果，确保他们对即将参与的活动有充分的准备。

（5）实践与理论的结合

确保实践活动与理论教学紧密结合，使学生能够将理论知识应用于实际操作中。

（6）定期监督和评估

对实践教学的进展进行定期监督，确保一切按照计划进行。同时，定期评估实践教学的效果并根据反馈进行调整。

（7）灵活性和应变能力

在实践教学过程中，可能会遇到意外情况或挑战。需要有灵活性和应变能力，以适应和解决这些问题。

（8）鼓励学生反馈

鼓励学生提供对实践教学的反馈，这对于改进教学方法和内容非常重要。

（9）跨学科合作

在需要时，与其他学科或部门合作，为学生提供更全面的实践学习体验。

（10）持续改进和更新

基于学生的表现和反馈，持续改进和更新实践教学的内容和方法，以确保教学质量与时俱进。

通过采用这些策略，可以有效地保证实践教学体系的顺利实施，同时可以提升学生的学习体验和成果。

2. 监督学生进展

跟踪学生的学习进度并提供支持和指导，对于确保学生能够成功掌握课程内容至关重要。

（1）建立详细的进度跟踪系统

使用学习管理系统（LMS）或其他工具来记录学生的出勤、作业提交、考试成绩和课堂参与情况。

（2）定期评估和反馈

定期进行形式评估，如测验、作业和项目，并及时向学生反馈他们的表现。确保反馈既具体又富有建设性，以帮助学生了解自己的强项和改进领域。

（3）一对一指导

为需要额外帮助的学生提供一对一的辅导或指导，这可以在办公时间，通过电子邮件或在线会议等形式进行。

（4）小组讨论和学习小组

鼓励学生参加小组讨论和学习小组，以促进彼此间的学习和支持。

（5）利用技术工具

利用在线资源和教育技术工具来支持学生的学习。例如，提供在线教程、互动练习和教育应用程序。

（6）定期的学生反馈

通过调查问卷、面谈或课堂反馈活动，收集学生对课程和教学方法的意见和建议。

（7）鼓励自我反思

指导学生进行自我评估和反思，帮助他们认清自己的学习目标。

（8）适应性教学

根据学生的学习进度和反馈调整教学内容和方法。例如，如果多数学生在某个主题上遇到困难，可能需要额外的复习或不同的教学策略。

（9）及时干预

一旦发现学生在学习上遇到困难，要及时提供干预措施，如补充教材、额外辅导或特别关注。

（10）激励和鼓励

对学生的努力和进步给予正面的激励和鼓励，以提高他们的学习动力和自信心。

通过采用这些策略，教师可以有效地跟踪学生的学习进度，并根据他们需要提供适当的支持和指导。

（七）评估和改进

1.定期评估课程效果

评估实践教学体系的效果是一个持续的过程，它依赖于对学生表现和反馈的深入分析。

（1）收集数据

①学生成绩：收集和分析学生的考试、作业和项目成绩。

②课堂表现：观察并记录学生在课堂上的参与情况和表现。

③实践活动反馈：评估学生在实验、案例研究、实习等实践活动中的表现。

（2）学生反馈

通过问卷调查、面谈或小组讨论，收集学生对课程、教学方法、资源、实践活动等方面的反馈。

询问学生对课程内容的理解程度以及实践活动的实际帮助情况。

（3）教师观察和反馈

教师团队可以分享他们观察到的学生的表现以及对课程效果的看法。

讨论实践教学中遇到的挑战和成功案例。

（4）绩效指标的评估

设定具体的绩效指标，如学生的学习进步、课程完成率、学生满意度等，进行定量分析。

（5）同行评估

邀请其他教育专业人士或同行对课程进行评估，并提供外部视角。

（6）课程目标与成果对比

比较课程开始时设定的学习目标与实际学生的学习成果，评估目标是否已经达成。

（7）长期跟踪

对学生的长期学习进展进行跟踪，包括他们在毕业后的职业发展情况。

（8）整合反馈进行改进

将收集到的所有数据和反馈整合起来，分析课程的优点和不足，根据分析结果对课程进行必要的调整和改进。

（9）持续更新

定期更新课程内容和教学方法，以保持课程的相关性和有效性。

（10）鼓励创新和实验

对新的教学方法和实践活动保持开放态度，鼓励尝试和创新。通过这些步骤，教师可以全面评估实践教学体系的效果，确保它能够满足学生的学习需求并不断进行优化和改进。

2. 不断改进

根据评估结果和行业变化，不断改进实践教学体系，确保它保持最新和有效。

（八）合作与实习

1. 与行业和企业建立合作关系

提供学生实习和实践机会，使他们能够在真实商业环境中应用所学知识，是商业英语教学中非常关键的一环。

（1）建立企业合作关系

与当地企业、跨国公司、非营利组织和政府机构建立合作关系。创建实习项目，让学生在实际的商业环境中工作。

（2）职业导向的项目工作

设计与企业相关的项目，让学生在课堂上模拟真实的商业场景。通过项目工作，学生可以应用他们在课堂上学到的知识并解决实际问题。

（3）行业讲座和研讨会

定期邀请商业专家和行业领袖来校进行讲座和研讨会。通过这些活动，学生可以了解行业趋势、最佳实践和职业发展机会。

（4）实地考察

组织学生访问企业，了解企业的日常运作和企业文化。实地考察可以帮助学生将理论知识与实际业务操作联系起来。

（5）职业指导和培训

提供简历写作、面试技巧和职业规划等方面的培训。职业指导和培训帮助学生准备好进入商业环境所需的技能。

（6）网络构建活动

组织职业交流会和校友会，让学生建立与行业专业人士的联系。这些活动可以帮助学生扩展职业网络，了解潜在的职业机会。

（7）反馈和评估

对实习和实践活动进行评估，收集学生和企业的反馈。基于反馈改进实习项目，确保它们符合教育目标和学生的职业发展需要。

（8）课程与实习的整合

将实习经验整合到课程学习中，让学生分享他们的实习体验，并将实习中学到的知识应用到课堂学习中。

（9）远程实习和项目

利用在线平台提供远程实习和虚拟项目的机会，特别是在地理位置或时间安排上存在限制的情况下。

（10）持续的支持和指导

在整个实习过程中为学生提供持续的支持和指导，确保他们能够从实习中获得最大的学习收益。

通过这些方式，学生不仅能够在真实的商业环境中应用所学知识，还能获得宝贵的职业经验和职业发展的见解。

2. 集成实习经验

将学生在实习中获得的经验与课程内容整合，可以极大地增强学习的实用性和深度。以下是一些有效的方法来实现这种整合。

（1）实习反馈报告和展示

鼓励学生撰写关于他们实习经验的报告，并在课堂上进行展示。这些报告和展示可以讨论在实习中学到的技能、遇到的挑战、解决问题的方法以及这些经验如何与课堂学习相关。

（2）课程项目与实习经验相结合

设计课程项目，让学生将实习中的实践知识应用到具体的案例研究或项目工作中。例如，如果学生在营销部门实习，可以让他们在课程项目中制订实际的市场营销计划。

（3）课堂讨论和案例研究

在课堂上组织讨论，让学生分享他们的实习经验，并探讨如何将这些经验应用于理论学习。教师可以引导学生讨论实习经验与课程内容联系，加强理论与实践的结合。

（4）学生互助学习

鼓励学生在小组中互相分享和讨论他们的实习经历。通过小组学习，学生可以从同伴的经验中学习，并将这些经验与自己的学习相结合。

（5）实习日记或博客

鼓励学生在实习期间记录日记或写博客，反思他们每天的学习和经历。这些日记或博客可以作为课堂讨论的基础，或作为课程评估的一部分。

（6）实习导师的反馈

与学生的实习导师合作，获取关于学生表现的反馈。这些反馈可以帮助教师了解学生在实际工作环境中的应用能力以及如何改进课程内容。

（7）整合课程和实习目标

在课程设计初期，就明确将实习目标与课程学习目标相结合。确保课程内容能够支持学生在实习中需要达成的学习成果。

（8）持续的职业发展指导

提供职业发展研讨会或指导课程，帮助学生将实习经验转化为职业成长和发展的机会。

通过将实习经验与课程内容紧密结合，学生不仅能够更好地理解理论知识，还能够更有效地将所学知识应用于实际工作中。

通过以上的步骤和要点，可以开发出针对商务英语专业的实践教学体系，有助于学生在毕业后成功地应对商业环境中的挑战，提高他们的职业竞争力。

三、教育教学改革

（一）课堂教学改革

课堂教学是高校教育的重要组成部分。课堂教学虽然大部分是在教室进行的，但从来没有人说过在教室里上课就应该是教师站在讲台上讲，学生只能坐在座位上听。商务英语专业要培养的是会说英语、懂商务、会操作、素养高的商务人才，必然要从课堂抓起。因此，当前高校"满堂灌""填鸭式"的课堂教学方法必须进行改革。只有根据高校教育人才培养规律和技术技能人才成长规律，加强案例分析、项目任务驱动、问题导向等教学方法的应用，才能使学生学会运用理论知识去判断、分析社会现实问题，增强其对社会的全面认识，培养学生的职业素养和职业能力。

（二）教学评价改革

评价作为课程教学的重要环节，是检验课程与教学计划是否达到教学目标的有效手段。高校商务英语实践教学突出强调培养学生的动手能力、创新型思维，因此，评价也就不再成为教学的最终目的，而成为教学的必要手段，贯穿教学的整个过程。

在教学实践中，除改变教育方法外，还应改革评价手段，实施多元综合评价。多元综合评价旨在通过学生自评、同伴互评与教师评定等手段，充分激发学生的学习积极性、自主性与创造力。根据加德纳的多元智能理论，智力作为在特定文化背景或社会中解决问题或制作产品时一种非常重要的能力，应该包括语音智能、逻辑—数学智能、空间智能、身体—运动智能、音乐智能、人际交往智能和自我认知智能七种智能。后来加德纳又提出第八种和第九种智能，即自然观察智能与生命存在智能。加德纳的多元智能理论强调每个个体智能的多元化、差异性和开发性，也充分认可了社会文化和教育在人的智能发展中的重要作用。

与传统只重视语言智力和数理逻辑智力的智能理论相比较，多元智能理论对把学科分数作为评价学生主要标准的教学评价提出了挑战，在全球范围内的教育领域更是掀起了一场轰轰烈烈的教育评价的改革。高校商务英语教学实践实施多元综合评价，能弥补传统终结性评价的不足，使形成性评价真正发挥其优势与作用，激发学生学习的积极性，提高学生的英语综合能力，促进高校英语教学目标的实现。高校学生在主动参与和协作学习中，可以养成高度的责任意识，提高学习能力，因而能有效保障职业能力的培养。

（三）"课赛"融合

"课赛"融合在促进课程教学改革，提升课堂教学质量的同时，也大大丰富了学生的专业学习途径和展示平台，充分发挥了他们的潜能，更是激发了他们学习英语与商务知识的兴趣。下面以笔者所在学院为例做一些简单的介绍。

1."求职"英语系列比赛

求职几乎是每个人在人生路上所必须经历的坎；不管你愿不愿意，为了得到一份工作，维持生计也罢，实现人生理想也罢，它就像拦路虎一样，在那儿等着你去挑战、去征服。随着时代的发展、社会的进步，求职之路似乎变得越发艰难。现在的人才市场那可真是人山人海；且不说受着你挤我推的痛楚，很多人即便跑好几趟、面试好几轮，也不一定能得到自己想要的工作。

高校教育总是与就业息息相关。因此，尽早地帮助学生做足求职相关准备工作，了解相关求职信息与技巧，能给他们的成功就业添砖加瓦。

"求职"英语系列比赛分为简历大赛和模拟英语面试大赛，每年年底举行一次，旨在更好地提升毕业生的英语应用能力，进而推动学院应届毕业生的就业工作。

第一，简历大赛。简历是现代人求职时必须准备的材料之一。虽然只是短短的几页自我介绍，它却能让雇主在最短的时间里了解应聘者的大概情况，留下根深蒂固的"第一印象"，并在很大程度上促使他们决定要不要给应聘者面试的机会或直接录用的机会。因此，简历的重要性不言而喻。撰写与制作简历蕴含着大量的技巧，成为"商务英语写作""求职英语"等课程教学的重要内容。学院商务英语专业每年都会举行简历大赛，要求参赛选手结合所学知识，制作朴实并富有创意的应聘材料，参考内容包括英文求职信、英文简介、中文简历等，切实有效地让学生在互相学习、相互交流的过程中明确学习的方向，锻炼个人的能力。

第二，模拟英语面试大赛。现代社会求职过程中，有一个非常重要的环节，那就是面试。面试是对应聘者综合性素质的考核，包括对自我的认识、对公司的了解、对面试技巧的掌握及应聘时的口头表达能力等。很多时候我们发现，不少人过了笔试关却过不了面试关；得到了面试的机会却因表现逊色而最终与心仪的工作失之交臂；而有些人的简历制作十分简单，却能在面试中脱颖而出。模拟英语面试大赛主要由三个环节组成：自我介绍、英文试题解答和压力面试。所有内容要求选手用英文回答，着重考查参赛选手的英语表达能力、逻辑思维能力、综合分析能力、应变和自我情绪控制能力以及人际交往技巧等。这也是对专业教学质量的一个考量。

2. "职来职往"英语大赛

大赛旨在为即将毕业的学生提供展示自己才能的机会，让就业者清晰地认识自己，选择正确的职场方向；让就业者认识到现实和理想的差距，充分准备应对新的挑战；让更多的人了解如何丰富充实自己的人生，从比赛中获得更多的人生经验并求得理想的实习机会。商务英语专业每年举办一次"职来职往"英语大赛，聘请相关行业、企业老总、专家等做现场评委，让参赛选手通过"中英文自我介绍""才艺展示""职业畅想""工作情景模拟"等环节充分展示自己的实力。这项赛事在为专业学生寻找潜在的实习、就业机会的同时，也为这些企业提供了一个寻求优秀商务人才的平台，真正实现了"双赢"。

3. 全国大学生英语竞赛

全国大学生英语竞赛（National English Contest for College Students，NECCS）是全国唯一的大学生英语综合能力竞赛活动，包括听、说、读、写等内容，是由教育部高等学校大学外语教学指导委员会和高等学校大学外语教学研究会联合主办的综合性大赛。笔者所在的学院组织学生参赛，商务英语教研室指定教师对学生定期进行辅导，并编制整理详尽的辅导材料。一方面，通过校园英语学习的浓厚氛围，激发学生的学习兴趣，创造更多的语言交流和自我提高的机会，实现英语教学大纲中提出的包括语言知识和技能、文化意识、情感态度、学习策略等语言综合运用能力的课程目标；另一方面，竞赛与课堂教学、辅导与教材形成良性互补，如竞赛中智力题既测试了学生的英语阅读理解能力，又测试了学生分析问题的能力，而这种题型所涉及的内容在课堂中是极少出现的。它加强了学生互动、师生互动，从而弥补了课堂教学中受进度所限而产生的薄弱环节。学生在参赛过程中锻炼了自己的英语综合能力、沟通合作能力，为以后的面试及工作打下了良好的基础。

4. 高校英语写作比赛

写作是一项输出性技能，需要平时的积累；同时，写作也是相当有难度的一门课程。在高校阶段，英语写作的主要目的是让学生了解日常生活、商务活动中常用的写作类型与写作技巧等，并使学生通过写作练习解决一些实际的问题，如用英文写一份邀请函、求职信、商务报告、广告等。高校英语写作大赛旨在引导学生重视对英语写作能力的培养，进一步推动英语应用能力的整体提高。其覆盖题型都是依据目前高校英语教育的相关文件而定的，充分反映出高校英语教育的发展趋势。其具体表现在：赛题体现高校特色，突出应用能力；内容既贴近当代大学生的学习和生活，又反映未来工作岗位对英语写作能力的要求和个人职业发展的需求，从而为"商务英语写作"

课程改革提供了指导方向。

5.高校英语口语大赛

在高校商务英语学习中，英语口语的重要性不言而喻。它犹如一张名片，是展示商务英语学子风采的重要途径，也是彰显商务英语专业建设改革成效的重要渠道。

四、专业学生社团创建

大学时代应该是一个人一生当中最美好的时代。这里有美丽的校园、自由的空气、浩瀚的书籍、博学的教师。自由、朝气的年轻人也不再有做不完的题，考不完的试，他们拥有大量的时间选择做自己喜欢的事，其中就包括选择一个或几个中意的社团。可以毫不夸张地说，社团是大学生活不可或缺的组成部分，是大学生自我成长与锤炼、潜能开发、人际沟通与了解社会的主要渠道，而形形色色的社团活动也成了各个高校一道道亮丽的风景线。

然而，对于很多刚入学的新生来讲，面对各种类型的校园社团热火朝天、大张旗鼓的纳新难免迷惑，不知何去何从。如果是自幼对文学感兴趣或爱好摄影或喜欢书画的学生，那么他可能会毫不犹豫地选报相应社团，借此平台发展、发挥自己的能力及潜力，并与来自全校各个院系的志同道合者切磋"技艺"，互相学习、共同进步；还有不少的学生可能才艺平平，但他们希冀能在宝贵的高校学习中在专业领域突飞猛进，收获较多的专业技能，为今后的就业与个人发展"未雨绸缪"。但是我们不得不承认，在如今林林总总的学校社团里，与学生专业休戚相关的社团实在不多；即使有，也多是学习性质的。高校教育又被认为是职业教育，切实提高学生的专业技能、开展有效的教学与实践，是高校教育的生存之本，也是培养高校学生核心能力不可缺少的途径。建立和加强与专业相关的学生社团，通过有效的社团活动将"第一课堂"和"第二课堂"紧密联系，推进学生的专业实践能力，增强学生的社会服务意识和创新意识，加强学生的职业素养，既可丰富学生的课余生活，也将为他们今后的顺利就业奠定扎实的基础。

同时，当今中国英语佼佼者不计其数，且不说大批量国内培养的本科生、研究生等，还有很多是在海外镀过金的。商务英语专业只有紧密围绕"高校"和"商务"这两大特色，从实际出发，立足地方经济发展态势，将"课堂"和"课外"、"学校"与"社会"有机联系，最大限度地发展学生的实践能力，缩短学生与社会、企业要求的差距，使其在毕业时就能顺利上岗，才能保证专业的生存与发展。毫无疑问，在忙碌而短暂的高校学习过程中，构建实效的学生社团，开展有效的学生活动是商务英语专业特色培育发展的一个重要窗口。

（一）坚持以推进学生英语应用能力为目标

作为职业教育的高校商务英语教育，社团建设的目标必须与专业建设目标相一致，即大力提升学生的英语应用能力。这就要求商务英语专业社团首先，在活动类型和活动开展上，应该实施多样化，尽可能涵盖商务英语学习内容的各个方面，使学生通过社团这个平台，在收获国际贸易及金融基础知识、商务文化、英语语言知识的同时，不断进行实践。其次，在纳新层面上，应该积极面向广大专业学生，使他们能根据自己的学习情况、个性特点、兴趣爱好等，有机会参与其中，不断发展自己。最后，商务英语专业社团还应该充分发挥社团干事、会员力量。学生的力量是无穷的，他们年轻、精力旺盛、富有想象力，乐于与他人沟通合作，能有效保障社团的高效运转。在校期间，每个学生都有机会参加其中的1个或2个社团；每个学期，各社团会结合自身的宗旨和特长，开展丰富、有益的活动。社团不仅是各学院、各年级、同学的盛大"聚会"，也是大家交流学习经验、共同实践、结交朋友的重要场所。

（二）加强专业教师的指导作用

社团的成功发展离不开教师的精心指导。尤其是对于专业社团而言，其中，涉及了众多专业学习和实践方面的问题，需要专业教师利用他们的知识积累、实践历练和社会资源给予有针对性的帮助、指引与拓展，使得专业社团能真正起到连接专业学生学习与实践的桥梁作用，否则就会流于形式、形同虚设，对学生能力的发展起不到任何作用。商务英语专业在建设专业社团及其开展相关活动时，必须加强专业教师的指导作用。首先，要做好社团指导责任导师的遴选。社团指导教师自身应是这个专业领域里面的行家，即他们应该是一直从事着相关教学、研究和实践工作，并积累了相当多的经验，有能力、有魄力组织活动并能给予必要的指导与帮助的人。其次，要做好社团指导教师的考核与管理。目前，高校专业教师的任务比较繁重。除了常规教学、科研、专业建设等任务外，很多教师还承担着班主任的工作。社团的做大做强需要指导教师付出更多的时间、耗费更多的精力。因此，应该加大对社团指导教师的奖励力度，譬如可以根据社团活动的次数、规模、成效等给予课时的额外补贴、教学业绩上的加分等，激发他们为有专业特色的社团的建设与发展作出更大的贡献。最后，加强行业兼职教师在社团中的作用。行业兼职教师来自行业、企业第一线，他们具有丰富的实践经验和娴熟的专业技能，不仅能在课堂教学、课程建设、实训、实习基地拓展等方面为专业建设作出巨大贡献，也能给予专业社团会员和广大专业学生最专业、最有效的实践指导。

（三）坚持拓展专业学生社会服务领域

高校教育只有从区域经济社会发展的实际出发，进行相应的教学、管理，才能反映出高校特色，使培养出来的人才真正有用武之地。因此，必须利用一切时机增强学生的社会服务意识，积累学生的社会实践经验，在做的过程中巩固、发展自身的知识结构和综合能力。然而，短短的高校学习期间，学生能步入社会进行实践的机会并不多。虽然现在各高校都会要求学生在寒暑假时进行各类实习，但由于总是缺乏统一的管理与有效的监督，实效甚微。专业社团能够很好地起到联系学校与社会的桥梁作用，因为它能借助专业建设积累的校外资源以及专业教师的社会资源、毕业生资源等，拓展社团会员的社会服务领域，有效地组织会员参与其中。

如何有效衔接英语和商务，实现人才培养符合社会需求是各高校商务英语专业一直在深入探索的一大课题。目前，学校对学生社团的研究更多地集中在校园文化建设和学生思想品德管理等方面，很少有学校将社团与专业建设联系起来。专业学生社团充分利用课余时间，能将专业学生的知识学习与技能提升突破课堂时间的限制，并利用各种活动，发展学生的实践能力、创新意识与合作精神，其不仅是大学生活的添加剂和润滑剂，也是专业学生学习的重要渠道，更是彰显高校商务英语特色的重要窗口。

五、师资队伍建设

具备一支实践教学指导能力较强的师资队伍是构建商务英语专业实践教学体系的关键。在目前众多的高等院校里，商务英语专业的教师敬业爱岗、工作勤勉，但有时候却会感觉力不从心。因为很多教师自身并不是商务英语专业出身，从事商务英语教学之前也没有在外贸企业工作过。出于工作之需，教师虽然也会利用休闲时间阅读商务相关书籍，或是利用寒暑假到企业进行社会锻炼，但由于时间短、事情杂，效果不甚理想。若要构建一套完善的、有效的商务英语专业实践教学体系，就必须不遗余力地加大对教师实践能力和综合素质的培养。

（一）"双师型"教师队伍的培养

"双师型"教师的培养是高校教师队伍建设的特色。然而，究竟什么是"双师型"教师目前说法不一，也没有一个权威性的科学解释。本书认为，商务英语专业实践教学的实质必然决定了高校商务英语教师不仅是懂英语的，还应该是会商务的；不仅要有英语教学相关的资历与证书，还应拥有与商务相关的职业证书或实践经验。因此，对于目前从事商务英语教学的教师，要加强"双师"素质，就应该鼓励教师到行业、企业参加实际工作或项目开发，积累教学所需要的职业技能、专业技术和实践经验，并取得相应的上岗登记证书或职业资格证书等。只有这样，才能真正促使专业教师在教学实践中进行"项目化"教学改革，给予学生最真切、有用的实践指导。

（二）行业兼职教师队伍建设

对于商务英语专业实践教学师资队伍建设，在加强本专业教师实践能力的同时，还应该重视行业兼职教师队伍建设，如聘请有丰富工作经验的行业技术骨干作为兼职教师，切实发挥兼职教师在实践教学中的作用，从而形成一支专兼结合的实践教学师资队伍。行业兼职教师来自行业企业，他们具有丰富的实践经验、娴熟的专业技能以及很强的实践指导能力；通过他们可以将知识、技能与经验带进课堂。此外，商务英语专业还可以在聘请行业企业专家骨干担任行业兼职教师的同时，邀请他们参与人才培养的整个过程，与专任教师共同开发岗位职业标准、专业教学标准、课程标准，共同编写教材、共同备课、共同授课、共同指导学生实习、共同评价人才培养质量、共同培养人才、共建实训实习基地，从而在技术合作和社会服务等方面建立稳定的合作关系，对专业建设起到更好的促进作用。

（三）外籍教师队伍建设

外籍教师在高校商务英语实践教学体系的师资队伍建设中也发挥着重要作用。商务英语的学习，首先是英语的学习；英语的学习，首先是英语听、说技能的提高。引进优秀的外籍教师，尤其是具有商务背景的外籍教师，不仅能提高师生英语口语能力，还能帮助学生培养跨文化意识，开拓国际化视野。笔者发现，在每学期的"学生评教"中，很多外籍教师总能名列前茅，这与他们轻松有趣的上课风格不无联系，同时也反映了商务英语专业学生学习一口地道口语的迫切愿望。曾经有一个学生很坦诚地告诉笔者，因为给他们讲商务英语口语课的是外教，所以她真正开始喜欢上英语，开始喜欢用英语交流。当然，由于中西文化差异，商务英语专业仍需在外籍教师管理上下足功夫，努力做到在外籍教师到岗之后，协助外事办帮助他们了解高校教育的发展规律以及内涵和特征；区别中外学生学习的差异；明确教师教育课程的功能、任务、内容、目标等；为外籍教师选配合作教师，向其提供教学方面的支持，通过听课及课后的讨论，使他们了解中国学生的特点；督促外籍教师每周定期参加教学研讨，对教学上的重点、难点进行交流和分析，互相学习课堂管理办法及教学技巧；鼓励外籍教师之间相互听课交流，取长补短、提高课堂管理技能、发挥自身优势、取得更好的教学效果等。

第三节　商务英语专业课程与实践结合的探索

商务英语专业课程与实践的结合是提升教学质量和学生实际应用能力的关键，这种结合可以帮助学生将理论知识应用于真实的商务环境中，增强他们的职业技能和市场适应性。以下是商务英语专业课程与实践结合的一些探索方式。

一、课堂教学与实践活动的融合

课堂教学与实践活动的融合是提高教育质量和学生学习效果的关键。以下是可以帮助实现这种融合的一些策略。

（一）案例研究法

通过分析真实的商业案例，将理论知识应用于实际问题解决中。案例研究可以激发学生的思考，提高他们的分析能力和决策技能。

（二）项目式学习

设计与真实商业环境相关的项目任务，让学生在完成项目的过程中学习和应用理论知识。这些项目可以是市场调研、商业计划书编写、广告设计等。

（三）角色扮演和模拟

设置模拟商业环境,如模拟公司、股市交易或商务谈判等,让学生通过角色扮演来实践和体验商业活动。

（四）实地考察和实习

组织学生参观公司、工厂或其他商业机构,了解实际运作过程。通过实地考察和实习,学生可以在企业中实际工作,将课堂知识应用于实际环境。

（五）合作学习

鼓励学生以小组形式合作,共同完成项目、讨论案例或解决问题。这种合作可以提高他们的团队合作能力和沟通技巧。

（六）技术工具的应用

使用各种技术工具和软件,如在线协作平台、项目管理工具、数据分析软件等,使学生熟悉并应用这些工具于实践活动中。

（七）互动式讲座和研讨会

在课堂上采用互动式教学方法,如小组讨论、研讨会、互动游戏等,增加学生参与度。

（八）来自行业的客座讲师

邀请行业专家和实践者进入课堂,分享他们的经验和知识,为学生提供现实世界的视角。

（九）反馈和反思

鼓励学生对他们的项目和实践活动进行反思,教师也应提供具体和及时的反馈,以帮助学生理解他们的进步和改进空间。

（十）评估和改进

定期评估教学方法和实践活动的有效性,基于学生的反馈和学习成果进行调整和改进。

通过这些方法,教师可以有效地将课堂教学与实践活动相结合,为学生提供更全面和互动的学习体验。

二、校企合作与实习机会

校企合作与提供实习机会是高等教育中培养学生实践技能和职业素养的重要方面。

（一）建立合作框架

与企业建立正式的合作关系，确立合作的目标、期望和职责，包括共同开发课程、共同举办研讨会、项目合作等。

（二）实习项目设计

设计与企业的实际需求相符合的实习项目，确保学生在实习中能够获得有价值的工作经验。实习内容应该与学生的学习课程紧密相关。

（三）企业参与课程开发

邀请企业专家参与课程开发设计，确保课程内容符合行业标准和实际需求。企业可以提供案例研究、最新的行业资料、市场趋势等。

（四）定期沟通和评估

与企业定期沟通，评估实习项目的效果和学生的表现。基于反馈调整实习内容和教学方法。

（五）职业技能培训

在实习之前，对学生进行职业技能和职业素养的培训。职业技能培训包括简历写作、面试技巧、职场礼仪等。

（六）实习监督和支持

指派导师或指导教师负责监督学生的实习过程，并提供必要的支持和指导。确保学生能够在安全和积极的环境中学习。

（七）学生反馈和经验分享

鼓励学生分享他们的实习经验，无论是比较成功的还是收获一般的。通过案例研究、报告或演讲等形式分享。

（八）职业发展指导

提供职业发展的指导和资源，帮助学生了解不同职业路径的可能性。鼓励学生利用实习机会探索职业兴趣和职业发展方向。

（九）就业机会的桥接

通过校企合作，为学生提供更多的就业机会。有些实习可能会转化为全职工作机会。

（十）法律和伦理考虑

确保实习项目遵守相关的法律法规，保护学生的权益。对企业伙伴进行筛选，确保他们提供高质量和符合伦理的实习机会。

通过这些方法，学校可以为学生提供宝贵的实践经验，同时帮助他们为未来的职业生涯做好准备。

三、国际交流与合作

国际交流与合作在教育领域越来越受到重视，因为它们可以提供宝贵的跨文化学习机会，拓宽学生的视野，并增强他们在全球化世界中的竞争力。

（一）学生交换项目

与海外学校建立合作关系，开展学生交换项目。这些项目可以为学生提供在不同文化背景下学习和生活的机会。

（二）国际学术合作

鼓励教师参与国际学术合作，如共同研究项目、国际会议和研讨会。这些活动可以促进知识共享和学术创新。

（三）跨国教育项目

与国外教育机构合作，共同开设课程或学位项目。这些项目可以提供国际视角的教学内容。

（四）文化交流活动

组织文化交流活动，如国际文化节、语言学习俱乐部、跨文化研讨会等。这些活动可以增强学生对不同文化的了解和尊重。

（五）国际实习和志愿服务

提供国际实习和志愿服务的机会，让学生在国际环境中获得实践经验。这可以增强学生的职业技能和跨文化沟通能力。

（六）国际访问学者计划

邀请国外学者和专家来校授课、进行研究或参与研讨会。这可以为师生提供学习和交流的新视角。

（七）网络和远程合作

利用在线平台和技术，开展远程教学和国际研讨会。这可以扩大合作的范围，包括那些无法实地参与的师生。

（八）双学位或联合学位项目

与国际高校合作，提供双学位或联合学位项目。这些项目可以提高学生的学术资质和国际认可度。

（九）语言学习课程和培训

提供语言学习课程和培训，帮助学生和教师提高外语能力，特别是英语和其他主要国际语言。

（十）国际合作研究基金

设立专门的基金支持国际合作研究项目，并鼓励师生参与。

通过这些国际交流与合作的策略，教育机构不仅能为学生和教师提供丰富的跨文化经验，还能增强其在全球教育领域的影响力和竞争力。

四、实践活动与课程评估

（一）实践成果的课程评估

将实践项目的成果作为课程评估的一部分是一种有效的方法，它可以帮助教师更全面地了解学生的学习进展和技能掌握情况。

1. 实习报告评估

要求学生在实习结束时提交一份详细的实习报告，内容可以包括他们的工作内容、所学到的技能、实习期间的挑战和收获等。评估标准应包括报告的全面性、思考的深度和反思能力。

2. 项目展示评估

鼓励学生通过口头报告或演示的形式分享他们的项目成果。评估标准可以包括内容的准确性、展示技巧、创新性以及回答问题的能力。

3. 团队项目评估

对于团队项目，除了评估项目成果外，还应考虑团队合作、领导力和沟通技能。可以通过同伴评价来补充教师的评估。

4. 实际操作能力测试

如果项目包含操作技能的培养，如使用特定软件或工具，可以通过实际操作测试来评估学生的技能掌握程度。

5. 创新性和解决问题的能力

评估学生在项目中展现的创新思维和解决问题的能力。鼓励学生探索新的方法和思路，并在项目中实践。

6. 学习日志或反思报告

要求学生记录学习日志或撰写反思报告，以展示他们对实践经验的思考和内化过程。这种自我评估方法可以帮助学生加深对自身学习过程的理解。

7. 定性和定量的评估结合

结合定性(如反思性报告、口头展示)和定量(如技能测试、项目完成度)的评估方法,以获得更全面的评价。

8. 综合反馈

提供综合反馈,不仅涉及学生的成果质量,还包括他们的工作态度、团队互动等。

9. 与课程目标的对齐

确保评估标准与课程的学习目标和预期成果相一致。

10. 持续改进

基于评估结果对课程和实践项目进行必要的调整和优化。

通过这样的评估方法,学生的实践项目成果不仅被视为学习的产出,而且成为评估他们综合能力的重要依据。

(二)反馈与改进

收集学生和企业导师的反馈对于不断改进课程内容和实践活动设计是非常重要的。

1. 定期的反馈机制

设定定期收集反馈的机制,如每学期或每个项目结束后。使用在线调查工具、问卷调查或面对面会议等方式来收集反馈。

2. 学生反馈收集

询问学生对课程内容、教学方法、实践活动的有效性和相关性的看法。关注学生的学习体验、挑战和成长点。

3. 企业导师反馈

向企业导师求取关于学生表现、课程实用性以及与实际工作需求的吻合度的反馈。询问企业导师对实践项目的建议和可能的改进点。

4. 开放式问题

在反馈问卷中包含开放式问题,鼓励学生和企业导师提出具体的建议和意见。开放式问题可以提供更深入的见解。

5. 小组讨论会或座谈会

定期举办学生和企业导师的小组讨论会或座谈会,以便于更深入地交流和讨论。

6. 数据分析

对收集到的数据进行分析，识别常见的问题和趋势。使用数据来支持课程和实践活动的改进决策。

7.反馈的透明共享

将收集到的反馈结果透明地与学生和教师团队共享，以便共同讨论和解决问题。

8.实施改进措施

基于反馈实施具体的改进措施，如调整课程内容、改变教学方法、更新实践项目等。

9.持续跟踪

对实施的改进措施进行持续跟踪，评估其效果并进行必要的调整。

10.建立反馈文化

鼓励开放和诚实的反馈文化，确保所有参与者都感到他们的意见被重视且有助于改进教学。

通过这些方法，教育机构可以确保课程内容和实践活动始终与学生的学习需求和市场的实际需求保持一致；通过这些方法，商务英语专业不仅可以提供理论知识，还能够增强学生的实践能力和职业技能，为他们未来的职业生涯打下坚实的基础。

第四节　商务英语专业课程体系建设的实施与评估

商务英语专业课程体系的建设旨在培养适应国际商务环境的高素质专业人才。以下是实施与评估商务英语专业课程体系建设的一些关键方面。

一、课程体系建设实施

（一）市场和行业需求分析

通过市场调研来确定行业需求，从而确保课程内容与实际商务环境保持一致是非常重要的。这有助于确保学生所学的技能和知识能够满足当前市场的实际需求。

1.明确调研目标

在进行市场调研前，首先明确调研的具体目标，比如了解特定行业的技能需求、最新的业界动态、就业市场的需求等。

2. 利用多种数据来源

收集数据时利用多种来源，包括行业报告、市场分析、求职广告、专业期刊和媒体报道等。

进行行业调查，直接向企业、行业协会和专业人士询问他们对未来员工的期望和需求。

3. 与企业合作

与当地企业建立合作关系，了解他们对员工技能的具体需求。可以通过访谈、问卷调查或座谈会等方式收集企业的反馈。

4. 参与行业活动

参加行业会议、研讨会和展览会，以获得最新的行业信息和趋势。

5. 分析竞争对手课程

分析其他教育机构提供的类似课程，了解他们如何应对市场需求的变化。

6. 校友反馈

向校友求取反馈，了解他们在职场中实际的需求和挑战。

7. 数据分析和趋势预测

对收集到的数据进行深入分析，识别行业的关键技能需求和未来趋势。

8. 课程内容的及时更新

根据市场调研的结果，及时更新课程内容，确保课程与市场需求保持一致。

9. 持续的行业联系

保持与行业的持续联系，以便及时获得行业发展的最新动态。

10. 教师培训和发展

为教师提供培训和发展机会，确保他们能够了解最新的行业知识和技能，从而更好地传授给学生。

通过这些步骤，教育机构可以确保课程内容不仅反映当前的商业实践和技能需求，而且能够预测和适应行业的未来变化。

（二）综合基础知识与实践技能

结合语言学习、商业知识和实际技能培训是一种综合性教育模式，特别是适用于商业英语等应用型课程。这种模式不仅提高学生的语言能力，还能培养他们在财务管理、市场营销、国际贸易等商业领域的实际技能。

1.课程内容的综合设计

设计课程时，将语言学习与商业知识和技能培训相结合。例如，在教授财务管理时，同时强调相关的专业英语词汇和表达方式。

2.案例研究和项目工作

使用商业案例研究来提高学生的语言能力和商业理解。设计项目时，让学生在实际的商业情境中运用英语和商业技能。

3.跨学科教学团队

组建跨学科教学团队，包括语言教师、商业学科专家和行业从业者。这样可以确保课程内容既有语言学习的深度，也有商业知识的广度。

4.互动式和实用性学习

采用互动式教学方法，如角色扮演、模拟商业谈判、市场营销策划等。这些活动可以提高学生的语言实践能力和商业技能。

5.行业实践和实习机会

提供与企业合作的实践和实习机会，使学生能够在真实的商业环境中应用所学。这些实践活动不仅增强学生的商业技能，还可以提高他们的语言实际运用能力。

6.专业软件和工具培训

教授学生使用专业的商业软件和工具，如财务管理软件、市场分析工具等。在教学中融入这些工具的使用，提高学生的实际操作能力。

7.语言技能的针对性强化

根据商业领域的特点，强化特定的语言技能，如商务报告写作、专业术语的使用、口头演示等。

8.国际视野的培养

强调国际贸易、跨文化交流等内容，培养学生的国际视野和跨文化沟通能力。

9.反馈和评估

定期收集学生和企业导师的反馈，评估课程的有效性，并据此进行调整。

10.持续的课程更新

随着市场和行业的发展，持续更新课程内容，确保课程的时效性和相关性。

通过这些策略，可以确保学生在语言能力和商业技能上都能获得全面的发展，为他们未来的职业生涯打下坚实的基础。

（三）跨文化交际能力培养

重视跨文化沟通的教学对于培养学生在全球化商业环境中的有效交流能力至关重要。

1. 跨文化沟通课程

设计专门的课程，教授跨文化沟通的基本理论和技能。这包括文化差异的认识、跨文化交际障碍的克服方法、不同文化背景下的沟通策略等。

2. 案例研究

使用来自不同文化背景的商务案例研究，分析在不同文化情境中的沟通策略和挑战。让学生讨论并提出有效的沟通解决方案。

3. 角色扮演和模拟练习

设计角色扮演和模拟商务场景的活动，让学生实践在不同文化环境下的沟通技巧。这包括商务谈判、会议沟通、客户服务等场景。

4. 跨文化交流工作坊

定期举办跨文化交流工作坊，邀请来自不同文化背景的讲师和学生分享经验。通过交流增强学生对不同文化的理解和尊重。

5. 多语言环境

在教学中融入多种语言元素，如教授商务英语时引入一些其他语言的商业术语，增强学生的语言适应能力。

6. 国际合作项目

与国际学校和机构合作，开展跨文化合作项目，如国际学生团队合作完成项目任务。这些活动可以提供实际的跨文化合作经验。

7. 文化差异的直面讨论

在课堂上直接讨论文化差异带来的挑战和误解，鼓励学生分享自己的经验和看法。

8. 实地考察和交流

组织国际考察或交换项目，让学生亲身体验不同的文化环境。

9. 电影和媒体资源

利用电影、纪录片和其他媒体资源来展示不同文化的商务实践，加深学生的直观理解。

10. 跨文化沟通的持续学习

鼓励学生认识到跨文化沟通是一个持续学习的过程，为学生提供相关的书籍、在线资源和持续教育机会。

通过这些方法，学生不仅能够学习如何在不同文化背景下有效沟通，还能培养对多元文化的理解和尊重，为他们日后在全球化商业环境中取得成功打下了坚实的基础。

（四）引入实际案例和项目学习

通过真实的商务案例分析和项目式学习来提高学生的实际操作能力是一种非常有效的教学方法。

1. 选择与分析真实案例

选取真实的商业案例，特别是那些涉及关键商业决策和挑战的案例。引导学生分析案例中的问题、策略、成败因素以及可能的替代方案。

2. 项目式学习

设计项目，让学生在模拟或真实的商务环境中工作。项目可以是市场调研、商业计划书的撰写、产品开发等。项目应该具有实际意义，鼓励学生应用所学知识解决实际问题。

3. 团队合作

鼓励学生以团队的形式工作，模拟真实的商务环境，增强团队协作和领导能力。团队合作可以帮助学生学习如何在多样化的团队中有效沟通和合作。

4. 与企业合作

与企业合作，让学生参与真实的商业项目或者邀请企业代表分享实际案例。这样的合作可以为学生提供第一手的行业经验。

5. 实际操作和模拟练习

利用模拟软件或其他工具让学生模拟商业决策过程，如财务管理、市场营销策略等。提供实际操作的机会，比如操作真实的商业软件、参与市场调研等。

6. 实时反馈和指导

在学生进行案例分析和项目实施过程中提供实时的反馈和指导。及时的反馈和指导可以帮助学生更好地理解商业概念和策略。

7. 反思和总结

鼓励学生在项目结束后进行反思和总结，包括他们的成功、失败和学习点。这有助于学生深化理解并从经验中不断学习。

8. 跨学科融合

将商业知识与其他学科知识结合起来，如经济学、统计学、心理学等，以培养学生的全面视角。

9. 案例和项目的持续更新

定期更新案例和项目，确保它们反映当前的商业环境和挑战。

10. 评估和改进

对案例分析和项目式学习的效果进行评估，并根据学生的反馈进行必要的调整。

通过这些策略，学生可以在理解理论的同时通过实际操作提高他们的商业技能，更好地为未来的职业生涯做准备。

（五）使用现代教学技术

利用在线学习平台、虚拟现实（VR）和其他数字工具增强教学效果是当代教育领域的一个重要趋势。这些技术可以提供互动性更强、更吸引人的学习体验，同时也可以增强学习的灵活性和可访问性。

1. 在线学习平台

利用在线学习管理系统（如 Moodle、Blackboard 或 Canvas）提供课程内容，包括视频讲座、阅读材料和在线测试。此外，还可以创建互动讨论区和论坛，鼓励学生参与在线讨论。

2. 虚拟现实（VR）或增强现实（AR）

使用 VR 或 AR 技术创建模拟环境，如模拟商务会议、模拟市场环境等，为学生提供沉浸式学习体验。这些技术特别适用于需要高度实践和互动的课程，如市场营销、产品设计等。

3. 数字工具和软件

教授学生使用专业的数字工具和软件，如数据分析软件、财务管理工具、项目管理软件等。这些工具可以提高学生的技术技能，并帮助他们更好地理解商业概念。

4. 在线协作平台

利用在线协作工具（如 Zoom、Microsoft Teams、Google Workspace 等）进行小组项目和协作。这些工具可以帮助学生在远程环境中有效沟通和合作。

5. 互动式学习资源

开发或使用互动式学习资源，如在线模拟、游戏化学习活动、互动测验等。这些资源可以提高学生的参与度和学习动力。

6. 个性化学习路径

使用智能教学系统为学生提供个性化的学习路径和资源推荐。这可以帮助学生根据自己的学习速度和兴趣进行学习。

7. 数字化评估工具

利用在线评估工具进行学生评估和反馈，提高评估的效率和准确性。

8. 微学习和模块化内容

将学习内容分解为较小的模块或"微学习"单元，方便学生随时随地学习。

9. 混合学习模式

结合传统面对面教学和数字工具，采用混合学习模式，以获得最佳的教学效果。

10. 持续的技术更新和培训

定期更新教学技术，并为教师和学生提供必要的技术培训。

通过这些方法，教育者可以利用数字技术的优势，提供更灵活、更丰富、更互动的教学体验。

（六）外语环境的营造

提供语言沉浸式学习环境对于学生掌握新语言和文化非常有效。

1. 外籍教师授课

聘请母语为所教语言的外籍教师授课，提供地道的语言学习体验。这不仅有助于语言学习，还能让学生接触到不同的文化和生活方式。

2. 国际交流项目

设立国际交流项目，让学生有机会到外国学校学习，或进行短期文化交流。这些项目可以是学期交换、夏令营或特定主题的短期课程。

3. 语言伙伴和交流活动

给学生配对母语为其目标语言的语言伙伴，进行定期交流和练习。组织语言交流活动，如讨论会、文化之夜等，增进学生的语言实践和文化了解。

4. 模拟环境和沉浸式活动

利用虚拟现实（VR）或其他技术创建模拟的语言学习环境。设计沉浸式活动，如模拟市场购物、餐馆点餐等，让学生在实际情景中使用语言。

5. 课程内容的国际化

在课程设计中融入国际元素，如使用国际案例研究、引入全球视角的讨论等。这可以帮助学生更好地理解语言在不同文化和国际环境中的应用。

6. 跨文化工作坊和讲座

定期举办跨文化工作坊和讲座，邀请来自不同文化背景的嘉宾分享他们的经验和知识。

7. 外语影视和文学作品

利用外语电影、电视节目、文学作品等资源，提高学生的语言能力，同时增加他们对相关文化的理解。

8. 多语言资源中心

建立多语言资源中心，提供各种语言学习材料，如书籍、报刊、音频、视频等。

9. 专门的语言实践区域

在校园内设置专门的语言实践区域，鼓励学生在这些区域内只使用目标语言交流。

10. 教师培训和发展

为教师提供培训，帮助他们更有效地在多元文化和语言环境中教学。

通过这些策略，学生不仅能够提高语言技能，还能深入理解和体验相关文化，为他们未来的学术研究和职业生涯打下坚实的基础。

二、课程体系建设评估

（一）学生学习成果评估

评估学生的学习成果是教育过程中的关键环节，有助于了解学生的学习进度、掌握情况和提升方向。考试、作业和项目报告等是常用的评估工具。

1.定期考试

安排定期考试来评估学生对理论知识的掌握情况。考试可以是闭卷也可以是开卷，格式可以包括选择题、填空题、问答题等。

2.定期作业

安排定期作业，帮助学生巩固和实践在课堂上学到的知识。作业可以包括书面作业、计算题、案例分析等。

3.项目报告

通过项目报告评估学生的实际操作能力、问题解决能力和创新思维。项目可以是个人或小组完成，涉及实际问题的研究、分析和解决方案的提出。

4.口头报告和演示

安排口头报告和演示，评估学生的表达能力、沟通技巧和信息组织能力。可以是个人演讲、小组展示或辩论。

5.同行评估和自我评估

引入同行评估和自我评估的环节，帮助学生发展批判性思维和自我反思能力。由同学之间互相评价对方的作业、项目或演示。

6.实践和操作测试

对于需要特定技能的课程安排实践和操作测试，如实验室操作、软件使用等。

7.在线测试和测验

利用在线平台进行定期测试和测验，特别适用于远程教学和大型课程。

8.综合性评估

结合不同类型的评估，以全面了解学生的学习成效。例如，将课堂表现、作业成绩和期末考试成绩综合考虑。

9.反馈机制

在评估后提供具体且及时的反馈，帮助学生了解自己的优势和需要改进的地方。

10.灵活性和适应性

根据课程性质和学生反馈调整评估方式，确保评估方法适应教学目标和学生的学习需求。

通过这些多元化和综合性的评估方法，教师可以更准确地了解学生的学习成果，并根据评估结果调整教学策略。

（二）教学质量反馈

收集对教学质量的反馈是持续改进教学方法和提高教育质量的重要环节。

1. 学生评教

定期进行学生评教，通过问卷调查、在线调查或应用程序收集学生对课程内容、教学方法、教师表现等方面的反馈。确保评教过程匿名，以便学生能够提供真实和诚实的反馈。

2. 同行评审

同行评审即让其他教师或学术同行评估教学，可以包括课堂观察、教学材料的评审、学生反馈的分析等。同行评审可以提供专业的建议和不同的视角。

3. 毕业生反馈

向毕业生收集教学质量反馈，了解其对课程的长期影响和在职业生涯中的应用。这可以帮助了解教学的长期效果和实用性。

4. 专家咨询和评估

定期邀请教育专家或行业专家对课程和教学方法进行评估。专家可以提供有关最新教育趋势和行业需求的见解。

5. 校友反馈

通过校友网络收集对教学质量的反馈，了解课程对他们长期发展的影响。

6. 课程审查会议

定期举行课程审查会议，讨论教学反馈、学生表现和课程内容的更新。

7. 教学改进计划

基于收集到的反馈制订教学改进计划，并实施必要的调整。

8. 学生咨询委员会

建立学生咨询委员会，定期会见学生代表以收集对教学的意见和建议。

9. 在线论坛和社交媒体

利用在线论坛和社交媒体平台收集学生的即时反馈和建议。

10. 反馈的透明和公开讨论

保持反馈的透明，鼓励公开讨论教学质量和改进措施。

通过这些方法，教育机构和教师可以更好地理解学生和同行对教学的看法，从而持续提高教学质量和课程的相关性。

（三）毕业生就业情况分析

跟踪毕业生的就业率、岗位匹配度和职业发展是评估课程体系对职业准备有效性的重要方法。这不仅有助于了解毕业生在就业市场上的表现，还可以为课程内容和教学方法的改进提供宝贵的信息。

1. 建立毕业生跟踪系统

设立一个系统，定期收集毕业生的就业信息，包括就业率、就业岗位和行业、薪酬水平等数据。这些数据可以通过毕业生调查、在线问卷、电话访谈等方式收集。

2. 行业匹配度分析

分析毕业生就业岗位与所学专业的匹配程度，了解课程是否有效地为学生进入相关行业做好准备。包括评估毕业生的技能和知识是否满足岗位要求。

3. 职业发展追踪

长期跟踪毕业生的职业发展路径，包括晋升速度、行业变动、进一步教育等。这有助于评估课程对学生长期职业发展的影响。

4. 向校友收集反馈

定期向校友收集反馈，了解他们对课程体系和职业准备的看法。反馈可以涵盖课程内容、实习经验、职业指导等方面。

5. 与企业合作

与企业合作，收集他们对毕业生表现的反馈。这可以提供雇主对毕业生技能和课程质量的直接评价。

6. 就业服务评估

评估学校提供的就业服务（如职业咨询、简历辅导、招聘会等）对毕业生就业的影响。

7. 职业指导和准备课程的评估

定期评估职业指导和准备课程的有效性，包括实习、职业技能培训等。

8. 数据分析和报告

对收集到的数据进行分析并编制报告，与教师、管理层和利益相关者分享。

9. 比较分析

将毕业生的就业情况与同行业其他院校的数据进行比较，评估相对表现。

10. 持续改进

基于就业跟踪结果不断调整和改进课程内容、教学方法和职业准备服务。

通过这些方法，教育机构可以更好地理解其课程体系对学生职业准备的实际影响，并据此进行必要的调整和优化。

（四）业界反馈

从雇主和行业专家那里收集反馈是评估课程内容实用性和相关性的重要方式。这种直接来自市场的反馈可以帮助教育机构调整和优化课程内容，确保其符合行业需求和标准。

1. 行业咨询委员会

建立一个由雇主和行业专家组成的咨询委员会。定期举行会议，讨论课程内容、市场趋势和技能需求。

2. 雇主满意度调查

对雇佣毕业生的公司进行满意度调查，了解他们对毕业生技能水平和课程准备的看法。

3. 行业反馈论坛和研讨会

定期举办行业反馈论坛和研讨会，邀请雇主和行业专家参与，并提供对课程的反馈和建议。

4. 实习雇主反馈

从提供实习机会的企业收集反馈，了解学生在实习中的表现以及课程与工作实际需求的契合程度。

5. 校友反馈

向在相关行业工作的校友收集反馈，了解他们对课程内容在实际工作中的应用和有效性的看法。

6. 企业参与课程开发

邀请企业代表参与课程开发和审查过程，确保课程内容与行业需求保持一致。

7. 行业案例研究

与企业合作开展案例研究，使学生能够直接接触最新的行业问题和挑战。

8. 职业发展活动

在职业发展活动中，如职业博览会、讲座、工作坊等，收集来自参与企业的反馈。

9. 在线调查和问卷

通过在线调查和问卷的方式收集雇主和行业专家的反馈，以提高参与度和反馈的及时性。

10. 定期报告和分析

对收集到的反馈进行分析，并编制报告，用于课程内容的调整和更新。

通过这些方法，教育机构不仅可以确保课程内容符合学术标准，而且满足实际工作环境中的需求，从而更好地为学生的职业生涯做好准备。

（五）长期职业跟踪

跟踪毕业生的长期职业发展并评估课程体系对其终身职业发展的影响是评价教育质量和效果的重要方法。这种跟踪可以提供有关课程设计和教学方法是否有效地为学生的长期职业生涯做好准备的宝贵信息。

1. 建立毕业生数据库

创建一个毕业生数据库，记录他们的就业情况、职位变动、职业成就等信息。定期更新这些数据，以确保信息的准确性和时效性。

2. 定期毕业生调查

定期向毕业生发送调查问卷，了解他们的职业发展情况、对所学课程的评价以及对课程改进的建议。

3. 职业发展追踪研究

进行长期的职业发展追踪研究，分析毕业生在不同阶段的职业路径和成就。

4. 校友访谈和案例研究

通过校友访谈和案例研究，收集具体的职业发展故事和经验。这些信息可以提供关于课程对个人职业发展影响的深入见解。

5. 行业需求和技能匹配分析

分析毕业生的职业技能与当前和未来行业需求之间的匹配度。这可以帮助识别课程内容需要更新或增加的领域。

6. 校友网络和社群建设

利用校友网络和社群，如 LinkedIn 群组、校友会等，来维持与毕业生的联系。这些社群也可以作为职业发展信息和机会的分享平台。

7. 职业服务和指导

评估学校提供的职业服务和指导对毕业生长期职业发展的影响。这包括就业咨询、职业规划、继续教育指导等。

8. 与企业和行业合作

与企业和行业合作，了解他们对毕业生的评价以及对课程的意见。

9. 毕业生成就展示

展示毕业生的职业成就，可以作为课程有效性的例证。

10. 数据分析和报告

对收集到的数据进行分析、编制报告，并将结果用于指导课程设计和教学方法的改进。

通过这些方法，教育机构可以更全面地了解其教育服务对毕业生长期职业发展的影响，并据此作出必要的调整。

（六）国际合作和交流效果

评估国际合作项目、交换项目等对学生国际视野拓展的效果是非常重要的，因为这些项目能够极大地丰富学生的学习经验，提高他们的跨文化理解力和全球竞争力。

1.前后对比调查

在学生参加国际合作或交换项目前后进行调查，以评估他们在跨文化理解、语言能力、国际知识等方面的进步。

2.参与学生的反馈和访谈

收集参与学生的反馈，通过问卷调查、个人访谈或小组讨论了解他们的体验和收获，关注学生对文化适应、学术收获、个人成长等方面的感受。

3.成果展示

鼓励学生在参与国际项目后进行成果展示，如演讲、报告或文化活动，分享他们的学习和体验。这有助于更直观地展示国际项目的成效。

4.校友追踪

跟踪参加过国际项目的校友，了解这些经历对他们长期职业生涯和个人发展的影响。

5.学术表现的评估

分析参与国际项目学生的学术表现，如成绩、研究项目等，以评估项目对他们学术能力的影响。

6.雇主反馈

向雇用了参与过国际项目学生的公司或组织收集反馈，了解这些经历对学生职业技能的影响。

7.数据分析和报告

对收集到的数据进行分析并编制报告，用于评估国际项目的整体效果和价值。

8.参与率和多样性

评估不同背景学生参与国际项目的比例，确保项目对所有学生开放，促进多样性和包容性。

9.与国际合作伙伴的反馈

从国际合作伙伴那里收集反馈，了解他们对项目的看法和建议。

10.持续改进

根据评估结果对国际项目进行持续改进，以提高其对学生国际视野拓展的效果。

通过这些评估方法，教育机构可以更好地理解国际合作项目和交换项目对学生国际视野拓展的实际影响，并据此作出必要的调整和改进。

　　商务英语专业课程体系的实施和评估是一个持续的过程，需要不断地根据行业发展、技术进步和学生反馈进行调整和优化。这一过程，旨在培养具备全球视野、专业知识和实际应用能力的商务英语人才。

第五章　"互联网＋"时代高校商务英语教学的创新与实践

第一节　商务英语智能化管理的多元协同创新

商务英语智能化管理的多元协同创新是指在商务英语的管理和教学中融入智能化技术，并与多个领域的知识和技术进行协同，以创新教学方法、提高管理效率和增强学习体验。

商务英语智能化管理的多元协同创新涉及将先进技术、多领域知识和创新管理理念融合应用于商务英语教育和实践中。这种协同创新可以提高教学和管理效率，同时也可以增强学生的实际应用能力。

一、集成智能技术

利用人工智能、大数据分析和机器学习技术，对学生学习行为进行分析，提供个性化学习建议和路径。使用智能语音识别和自然语言处理技术，帮助学生提高语言准确性和流利度。利用人工智能、大数据分析和机器学习技术来优化商务英语教育，可以极大地提高教学效率和学生学习效果。以下是一些具体的应用方法。

（一）个性化学习路径

利用机器学习分析学生的学习习惯、进度和成绩，从而提供个性化的学习建议和路径。通过智能推荐系统，为学生推荐适合他们水平和兴趣的学习资源。

（二）智能语音识别和自然语言处理

使用智能语音识别技术，帮助学生练习发音，提高口语准确性和流利度。利用自然语言处理技术分析学生的口语和写作，提供语法和用词的改进建议。

（三）实时反馈系统

开发实时反馈系统，使学生在学习平台上练习时能立即获得反馈，包括错误纠正、发音改进建议等。这种及时反馈对于语言学习尤其有效。

（四）数据驱动的学习内容优化

通过分析学习数据，识别学生普遍存在的问题，从而调整和优化教学内容和方法。这可以帮助教师更有针对性地设计课程和练习。

（五）交互式学习体验

结合 AI 技术，创建交互式的学习模拟环境，如模拟商务谈判、面试等场景，提供更加真实的语言应用练习。

（六）学习进度跟踪

使用大数据技术跟踪和记录学生的学习进度和成绩，帮助学生和教师更好地了解学习效果。

（七）个性化学习助手

开发人工智能学习助手，为学生提供学习提示、答疑解惑和学习动态跟踪。

（八）适应性学习平台

构建适应性学习平台，根据学生的学习表现和偏好调整学习内容和难度。

（九）预测分析

利用预测分析技术，预测学生的学习成绩和发展趋势，提前识别可能需要额外支持的学生。

（十）持续学习和更新

保持学习系统的持续学习和更新，确保技术与教育最佳实践保持同步。

通过这些方法，教育机构可以提供更加高效、个性化的商务英语学习体验，帮助学生更有效地提高语言技能。

二、数字化教学资源

开发和利用数字化教学资源，特别是在线课程、互动软件、虚拟现实（VR）和增强现实（AR）学习工具，可以为学生提供沉浸式和互动式的学习体验，这些技术的应用能够极大地增强学生的学习动力和效果。以下是一些实施策略。

（一）在线课程和平台

利用在线学习平台开发和提供丰富的课程资源，包括视频讲座、互动测验和模拟练习。提供灵活的学习安排，适应不同学生的时间表和学习速度。

（二）互动软件应用

开发或利用互动学习软件，如语言学习应用、模拟商务场景的软件等，提供实际操作和练习的机会。这些软件可以提供即时反馈和个性化建议。

（三）虚拟现实（VR）

使用 VR 技术创建真实的商务环境模拟，如会议室、国际贸易展览等，使学生能够在虚拟环境中练习和学习。VR 技术尤其适合进行沟通技能和软技能的训练。

（四）增强现实（AR）

利用 AR 技术将教学内容与现实世界结合，增强学生学习体验。例如，通过 AR 技术展示复杂的商务概念或流程。

（五）游戏化学习

将学习内容游戏化，设计富有挑战性和趣味性的学习任务和活动。游戏化学习可以提高学生的参与度和学习动力。

（六）社交学习平台

创建在线社交学习平台，鼓励学生之间的交流和合作，分享学习经验和资源。这可以增强学习社群的感觉和同伴学习的效果。

（七）数据驱动的学习体验

利用学习分析工具跟踪学生的学习行为和成果，提供数据驱动的个性化学习建议。

（八）混合学习模式

线上数字化学习资源和线下传统教学相结合，实现混合学习模式。这种模式可以结合线上线下的优势，提供更全面的学习体验。

（九）持续更新和优化

定期更新和优化数字化教学资源，确保内容的现代性和技术的先进性。

（十）教师培训和支持

为教师提供必要的技术培训和支持，确保他们能够有效地利用这些数字化工具进行教学。

通过这些策略，教育机构可以为学生提供丰富、动态且高度互动的数字化学习环境，增强他们的学习体验和学习效果。

三、在线协作平台

建立一个在线协作平台，促进学生、教师和行业专家之间的交流与协作，是一种有效的教育创新方式。这种平台可以增强学习体验，拓展知识来源并加强实践技能的培养。

（一）平台功能设计

设计一个用户友好的在线协作平台，提供论坛、聊天室、视频会议、文档共享和协作工具等功能。确保平台易于访问和操作，适用于不同的设备和操作系统。

（二）案例讨论区域

在平台上设立专门的案例讨论区，供学生和教师讨论实际商业案例或理论问题。鼓励学生主动发布问题、回答同伴的提问，促进知识的深入理解和应用。

（三）项目合作空间

提供在线项目合作空间，使学生能够在跨学科团队中一起工作，进行项目规划、执行和评估。教师和行业专家可以在此提供指导和反馈。

（四）资源共享中心

建立一个资源共享中心，供用户上传和下载教学材料、研究论文、行业报告等。这可以包括教学视频、在线课程和互动教学软件。

（五）行业专家讲座和互动

定时邀请行业专家在平台上进行线上讲座、研讨会或问答环节。这有助于学生获得最新的行业知识和市场趋势信息。

（六）实时沟通和讨论

提供实时沟通工具，如即时消息、视频会议等，方便快速的讨论和协作。

（七）学习社群和小组

鼓励学生和教师创建学习小组或社群，针对特定主题或兴趣进行深入探讨和学习。

（八）反馈和评估机制

在平台上设立反馈和评估机制，以收集用户对平台功能和内容的反馈，并不断进行优化。

（九）保障信息安全和隐私

确保平台的信息安全和用户隐私保护，尤其是在处理个人数据和敏感信息时。

（十）技术支持和培训

提供必要的技术支持和培训，确保所有用户能够顺利使用平台。

通过这种在线协作平台，教育机构可以创建一个动态的学习环境，促进知识的交流、共享和应用，从而增强学生的学习效果和职业技能。

四、智能教学管理系统

实施智能教学管理系统是提高教育效率和质量的重要手段。这样的系统可以帮助教师更有效地规划课程、跟踪学生的学习进度，并准确地评估学生的学习成果。

（一）集成教学资源管理

系统应整合各种教学资源，如课程内容、教学视频、阅读材料等，方便教师和学生访问和使用。

（二）个性化学习路径

利用机器学习和数据分析技术，为每个学生提供个性化的学习路径和资源推荐，再根据他们的学习习惯和进度调整教学内容。

（三）实时进度跟踪和反馈

系统应能够实时地跟踪学生的学习进度和表现，及时提供反馈，帮助学生及时了解自己的学习状况。

（四）成绩和评估管理

自动记录和管理学生的成绩和评估结果，包括作业、测试、项目等，确保评估的公平性和准确性。

（五）交互式仪表板和报告

提供交互式仪表板，使教师和学生可以轻松地查看学习进度、成绩和其他相关数据。系统应能生成详细的学习报告，供教师和学生参考。

（六）沟通和协作工具

集成沟通和协作工具，如论坛、聊天室和视频会议功能，促进教师与学生以及学生之间的交流。

（七）数据安全和隐私保护

确保系统具有高级别的数据安全和隐私保护措施，保护学生和教师的个人信息。

（八）灵活性和可扩展性

系统设计应具有足够的灵活性和可扩展性，以适应不断变化的教学需求和技术发展。

（九）用户友好的界面

提供直观、易用的用户界面，确保所有用户无论其技术水平如何都能轻松使用系统。

（十）持续的技术支持和定期培训

提供持续的技术支持和定期培训，帮助教师和学生充分利用系统功能。

通过实施这样的智能教学管理系统，学校可以大大提高教学管理的效率和准确性，同时，为学生提供更加个性化和高效的学习体验。

五、跨学科课程设计

结合商务知识、语言学习和技术应用来设计跨学科的课程是一种创新的教育方法，尤其适用于商务英语等应用型学科。这种课程设计可以提供更全面的学习体验，帮助学生在真实的商业环境中有效地使用英语。

（一）整合课程内容

设计课程时，将商务英语与市场分析、国际贸易法规、财务管理等商业知识紧密结合。通过案例研究、项目工作和实际问题的解决，让学生在学习语言的同时了解和应用商业理论和实践。

（二）案例研究法

使用来自真实商业环境的案例研究，让学生分析和讨论，提高他们的批判性思维、问题解决能力和语言应用能力。案例可以包括国际市场营销策略、跨国企业经营决策等。

（三）项目式学习

设计跨学科项目，要求学生运用英语和商业知识共同完成。例如，创建一个国际市场进入策略、制订一个商业计划等。项目式学习鼓励学生主动学习，并提供实践应用的机会。

（四）模拟练习和角色扮演

利用模拟商业情境和角色扮演活动，如模拟商务谈判、模拟国际会议等，提升学生的语言实际使用能力和商业交际技巧。

（五）技术集成

利用数字技术，如在线协作工具、市场分析软件等，增强课程的互动性和实用性。这可以帮助学生熟悉现代商务环境中常用的技术工具。

（六）实地考察和实习机会

提供实地考察和实习机会，让学生在实际商业环境中运用所学知识和技能。

（七）跨文化交流焦点

在课程中强调跨文化交流的重要性，让学生理解不同文化背景下的商务交流方式。

（八）行业专家讲座和研讨会

定期邀请行业专家和商业人士来校进行讲座和研讨会，提供实际经验分享和最新行业动态。

（九）持续的评估和反馈

对课程进行持续的评估和反馈，确保内容的相关性和教学方法的有效性。

（十）多元评估方法

使用多元化的评估方法，如以报告、演讲、小组讨论和实际项目成果展示等活动，全面评估学生的学习成效。

通过这些策略，可以为学生提供一个富有挑战性、与实际商务环境紧密相关的学习体验，从而提高他们的综合能力。

六、行业实践和案例研究

与企业合作引入真实的商业案例和项目是提高商务英语及相关课程教学质量的有效方法。这种合作可以为学生提供实际的学习和应用机会，从而增强他们的实践技能，做好职业准备。

（一）建立企业合作伙伴关系

与不同行业的企业建立合作关系，包括小型企业到大型跨国公司。这些合作关系可以基于共同的教育目标和企业的人才需求。

（二）实际案例研究

请企业提供真实的商业案例用于课堂讨论和分析。这些案例可以涵盖市场营销、国际贸易、财务管理等多个方面。

（三）项目式学习

与企业合作开展实际项目，让学生参与企业的真实业务挑战。学生可以在企业的指导下完成市场研究、商业计划制订等项目。

（四）实习和实践机会

提供学生在企业实习的机会，让他们在真实的商务环境中应用所学知识。实习可以是全职或兼职，也可以是夏季/冬季实习或项目实习。

（五）企业访谈和讲座

定期邀请企业代表到课堂进行交流讲座，分享了他们的经验和行业洞见。这些讲座可以为学生提供职业发展和行业趋势的第一手信息。

（六）行业参与的课程设计

邀请企业专家参与课程设计，确保教学内容符合行业实际需求。这可以增加课程的相关性和实用性。

（七）学生反馈和评估

让学生在项目结束后提供反馈，评估他们在实际商务场景中的应用效果。这些反馈可以用来改进未来的合作项目。

（八）职业指导和咨询

利用企业合作机会为学生提供职业指导和咨询，帮助他们规划未来的职业路径。

（九）持续的合作关系维护

定期与企业沟通，维护并发展持久合作关系。定期评估合作成效，根据需要调整合作模式。

（十）合作成果的展示

定期举办活动，展示学生在合作项目中成果，如研讨会、展览等。这些活动可以提高学生的成就感，同时展示企业合作的价值。

通过这些合作策略，学生不仅能够提高语言和商务技能，还能获得宝贵的行业经验，为他们的职业生涯规划做好准备。

七、数据驱动的决策制定

利用数据分析支持课程设计和教学决策是确保教育内容与市场需求和技术发展保持一致的有效方法。通过分析相关数据，教育机构可以更好地理解行业趋势、学生需求和学习成效，从而作出更有针对性的教学调整。

（一）市场趋势分析

定期分析行业报告和市场研究，了解最新的商务趋势、技术进展和职业技能需求。这些信息可以帮助课程设计者确保课程内容符合当前和未来市场的需求。

（二）学生反馈收集与分析

通过问卷调查、访谈和在线反馈平台收集学生对课程内容、教学方法和学习资源的反馈。利用数据分析工具处理和分析这些反馈，以便于发现学生需求和教学过程中的问题点。

（三）就业数据追踪

追踪毕业生的就业数据，包括就业率、就业领域、职位类型等，以评估课程对职业准备的有效性。

（四）教学成效评估

分析学生的成绩、参与度和学习进度，以评估教学策略的有效性。利用数据驱动的方法调整教学方法，以提高学生的学习成效。

（五）企业和行业合作伙伴反馈

定期向企业和行业合作伙伴收集反馈，了解他们对课程内容和毕业生技能的评价。这些反馈可以直接指导课程内容的更新和改进。

（六）技术进展的持续监测

关注教育技术和行业相关技术发展，确保教学方法和工具现代性。引入先进的教学技术和工具，如在线协作平台、虚拟现实等，以提高教学效果。

（七）教师培训和发展

提供教师培训和发展计划，确保他们了解最新的行业发展和教学技术。支持教师进行研究和专业发展，以提升教学质量。

（八）跨学科课程设计

结合不同学科的知识和技能，如将商务英语与数字营销、数据分析等领域结合。这样的跨学科设计可以提供更广阔的视角和应用场景。

（九）持续的课程评估和更新

定期评估课程内容的相关性和有效性，并根据市场需求和技术发展进行更新。保持课程内容的灵活性和适应性，以应对快速变化的市场环境。

（十）利益相关者参与

邀请学生、校友、企业代表和行业专家参与课程设计和评估过程。这样的多方参与可以确保教学内容全面且符合实际需求。

通过以上策略，教育机构可以更有效地利用数据分析来支持课程设计和教学决策，确保教学内容与行业需求和技术进步保持一致。

八、创新教学方法

探索和实践基于游戏化、微学习、翻转课堂等的新型教学方法，可以显著提高学生的参与度和学习效果。这些方法通过创新的教学手段激发学生的兴趣，增加互动性，并提高学习的灵活性。

（一）游戏化学习

将游戏元素融入学习过程，如积分系统、等级、徽章、挑战任务等，增加学习的趣味性和动力。设计与课程内容相关的教育游戏，帮助学生以互动的方式学习和练习。

（二）微学习

将学习内容分解为小块，每个部分专注于一个特定的学习目标，便于快速消化和理解。利用视频、图形、短文、测验等多样的内容格式，适应学生的短时注意力和忙碌的生活节奏。

（三）翻转课堂

在课堂外通过视频讲座、阅读材料等方式进行知识传授，将课堂时间用于讨论、实践活动和深入学习。鼓励学生在课堂上积极参与，增强他们的批判性思维和问题解决能力。

（四）互动式内容和工具

利用互动式学习工具，如教育软件、模拟环境、在线讨论板等，提高学生的参与度和互动性。通过互动式内容，学生可以直接应用所学知识，可以加深理解。

（五）项目式学习

设计基于项目的学习活动，让学生在解决实际问题的过程中学习和应用知识。通过团队合作和项目管理，增强学生的实际操作能力和团队协作技能。

（六）自主学习的支持

提供丰富的自学资源和自主学习指导，支持学生根据自己的兴趣和进度进行学习。自主学习包括在线课程、教学视频、互动练习和自测工具等。

（七）教师培训和发展

对教师进行新型教学方法的培训和专业发展，确保他们能够有效地运用这些方法。教师培训和发展包括研讨会、工作坊和在线课程等。

（八）持续的反馈和评估

实施持续的学生反馈和课程评估机制，根据反馈不断优化教学方法和内容。反馈和评估包括学生的学习体验、成绩进步和满意度等。

（九）技术集成

将最新的教育技术和工具集成到教学中，如虚拟现实（VR）、增强现实（AR）、人工智能（AI）等。这些技术可以提供更丰富和沉浸式的学习体验。

九、终身学习和专业发展

提供终身学习资源和专业发展机会对于支持毕业生和在职人员不断更新商务英语和相关技能至关重要。随着市场的快速变化和技术的不断进步，终身学习成为职业成功的关键。

（一）在线学习平台

提供在线学习平台，包含各种商务英语和相关课程，以供毕业生和在职人员随时访问和学习。平台可以包括视频讲座、互动课程、自测题库和论坛等。

（二）专业发展研讨会和讲座

定期举办专业发展研讨会和讲座，邀请行业专家和企业领袖分享最新的行业趋势、案例研究和职业发展经验。

（三）继续教育课程

设计和提供继续教育课程，帮助毕业生和在职人员更新和深化他们的商务英语和专业技能。课程可以包括短期培训、证书课程和学位课程等。

（四）职业规划和咨询服务

提供职业规划和咨询服务，帮助个人根据自己的职业目标和市场需求选择合适的学习和发展路径。

（五）合作伙伴资源共享

与企业、行业组织和其他教育机构建立合作伙伴关系，共享资源，为学生提供更多的学习和发展机会。

（六）实时行业信息更新

通过新闻通信、社交媒体和网站提供实时的行业信息、市场动态和职业机会。

（七）网络研讨会和在线论坛

定期举办网络研讨会和在线论坛，促进毕业生和在职人员之间的交流和学习。

（八）校友网络和社群

利用校友网络和社群建立一个持续学习和职业发展的平台，鼓励毕业生相互支持和分享经验。

（九）个性化学习路径

根据个人的职业背景和学习需求，提供个性化的学习建议和资源。

（十）技能认证和评估

提供技能认证和评估服务，帮助个人评估自己的技能水平，并获得职业发展所需的认证。

通过这些策略，教育机构可以帮助个人在整个职业生涯中不断学习和发展，以适应不断变化的工作环境和市场需求。

十、持续评估与改进

定期评估智能化管理和教学效果，然后根据反馈不断优化技术应用和教学方法，这是提高教育质量的关键步骤。

（一）定期评估计划

制订一个详细的评估计划，确定评估的时间点、对象和标准。计划包括定期评估智能化教学工具的使用效果、教学内容的相关性和教学方法的有效性。

（二）数据收集与分析

利用数据分析工具收集学生学习数据、教学互动数据和成绩表现。分析这些数据以评估学生的学习进度、教学方法的效果和技术工具的使用效率。

（三）学生和教师反馈

定期向学生和教师收集反馈，了解他们对智能化教学工具和教学方法的看法。反馈可以通过问卷调查、访谈或线上反馈系统进行。

（四）教学观察和同行评审

定期进行教学观察和同行评审，评估教学实施的实际情况和效果。同时，这也是获取同行教师宝贵建议的机会。

（五）效果评价和报告

基于收集的数据和反馈，编制效果评价报告。报告应包括教学效果的详细分析和改进建议。

（六）技术应用的优化

根据评估结果调整和优化智能化教学工具的应用。优化包括更新软件、调整教学平台的功能或引入新的技术工具。

（七）教学方法的调整

根据学生学习效果和反馈调整教学方法和策略。调整可能包括改变教学风格、引入新的教学活动或调整课程结构。

（八）持续的教师培训

提供持续的教师专业发展和培训，帮助教师更好地使用智能化教学工具和方法。定期更新培训内容可反映最新的教育技术和教学理念。

（九）利益相关者的参与

邀请学生、教师、技术专家和教育管理人员的共同参与评估和优化过程。这样可以确保所有利益相关者的需求和观点都被考虑到。

（十）持续改进的文化

培养一种持续改进的文化，在整个教育机构中鼓励创新和对教学质量的持续关注。

通过定期评估并基于反馈不断优化智能化管理和教学方法，教育机构可以确保其教学策略与技术应用始终处于最佳状态，以满足学生的学习需求和市场的变化。

通过这些多元协同创新的策略，商务英语的教育和实践能够更好地适应快速变化的全球商务环境，同时可以为学生提供高效、动态且具有实际应用价值的学习体验。

第二节 商务英语翻转课堂与混合式教学实践与探索

一、翻转课堂教学模式

翻转课堂之所以成为教学改革的一大潮流，主要是因为当前的高校还普遍存在着教学方式单一、以教师为中心、学生被动学习等问题，导致课堂效率低下，学生很难内化知识。然而，翻转课堂的实施恰好改变了这一点，做到了以学生为中心，对传统课堂的教学空间进行延伸与拓展，提升了学生的创新思维能力。可见，翻转课堂对教学改革十分有益。基于此，本章对翻转课堂的基础知识展开探讨，为后面章节内容的展开作铺垫。

翻转课堂是信息技术与教学领域的融合，是一个创新的突破口。翻转课堂之所以进入人们的视野，主要是基于信息化、全球化这一大背景，一些政策的推进以及教与学的要求。

（一）翻转课堂产生于教育信息化的推进

我国早在 10 多年之前就提出了以教育信息化引领教育现代化的发展战略。近几年教育信息化的引领性战略地位越来越凸显。那么，教育信息化的内涵是什么？有哪些特点？教育信息化的重要意义是什么？这些问题的研究对于我们未来教育的发展有着重要意义。

1.教育信息化的概念

信息化是一个内涵深刻且外延广泛的概念。从内涵上说，它包括两层意思：一是指信息的利用非常广泛，信息观念深入人心；二是指信息技术产业的高速发展，信息咨询服务业的高度发达与完善。从外延上说，信息化是指一个国家或者地区的信息环境。作为一种社会发展的趋势，信息化即社会经济的发展从以物质和能量为经济结构的重心，转向以信息为经济结构的重心。在这一过程中，国家会采用现代的信息技术装备国民经济各部门和社会各领域，从而大大提高社会劳动生产率。当前，信息化已经成为衡量各国经济运动质量与效率的一项重要标准，也成为综合国力的一个重要标志和国际竞争力的焦点。

一个系统的信息化建设应该涉及与其适应的基础、核心、目的和保障机制等方面。整个信息化体系的六要素分别是：信息资源，信息网络，信息资源的利用与信息技术应用，信息技术产业，信息化人才，信息化政策、法规及标准。其中，信息网络是基础，只有建设先进的信息网络，才能充分发挥信息化的整体效益；信息资源是核心，是信息化建设取得实效的关键；信息资源的利用与信息技术应用为目的，集中体现了信息化建设的效益；信息化产业，信息化人才和信息化政策、法规及标准是信息化的支柱，是信息化的有力保障。教育信息化就是将信息作为教育系统的一种基本的构成要素，并且在教育的各个领域广泛地应用信息技术，促进教育现代化的过程。

然而，由于新技术、新思想层出不穷，信息技术（IT）发展迅猛，学术界对"教育信息化"的概念还没有统一的观点，但在政府各种文件、学校、教师、学生中已正式使用"教育信息化"这一概念，并且十分注重教育信息化工作的推进。

有的学者认为，教育信息化即以现代信息技术为基础的新教育体系，其主要包括教育观念、教育组织、教育内容、教育模式、教育技术、教育评价、教育环境等改革和变化。概括地说，高等教育信息化就是将 IT 整合到大学课程及教学的各个环节，推动高等教育全面变革。教育手段的变革会对高等教育的各个层面都产生影响，最终促使高等教育现代化。

2. 教育信息化的意义

（1）教育现代化的必由之路和重要环节就是教育信息化

首先，当今世界教育改革和发展的共同趋势就是以教育信息化带动教育现代化。可以说，没有教育的信息化，也就无法实现教育的现代化，教育信息化对教育现代化有着巨大的促进作用。其次，教育信息化是实现国家信息化的基础性教育，主要体现在两个方面：一是教育信息化是国家信息化建设的重要组成部分，甚至是战略重点；二是教育信息化是国家信息化建设的重要支撑，可以为其他信息化提供技术和智力方面的支持。

（2）教育信息化意味着将教育纳入战略发展重点和现代化建设的整体布局

将教育信息化作为先导性、全局性、基础性产业摆到优先发展的战略地位中，其意义极为深远。教育信息化适应了社会经济发展的需要，具体体现在以下七个方面。

其一，教育信息化是培养适应信息社会要求人才的需要。

其二，教育信息化有助于推动通信技术的发展和应用。

其三，教育信息化建设是实现教育跨越式发展的重要手段。

其四，教育信息化有利于全体国民素质的提高，是实施素质教育的内在要求。

其五，教育信息化促进了创新人才的培养。具体来说，教育信息化为培养学生创新能力创造了有效途径。首先，教育信息化利用网络和多媒体技术可以为学生提供更加自由、灵活的探索空间，拓宽了人们的视野，增强了实际创造力。其次，教育信息化可以打破教育环境的时空限制，改变教师和学生之间的直接交流方式，提供了全新的教育模式。

其六，教育信息化是教育改革内在的必然要求。

其七，教育信息化是构建终身学习体系的必然要求。

（3）教育信息化可以将外部世界引入课堂

教育信息化使学生获得与现实世界较接近的体验。"教师+网络+学生"的新型模式激发了学生的学习兴趣，使"要他学"变为"他要学"成为可能。

（二）翻转课堂的产生是应用型人才培养的呼唤

推动一大批地方高校向应用型高校转型是近年来国家人才培养战略调整的重要举措。一批以培养应用型人才为己任的地方本科院校响应号召，积极探索适应应用型人才培养的教育理念、新的人才培养模式、新的体制机制等，努力实现自己在社会发展中的使命和价值。而在应用型人才培养的系列改革中，任何一所不进入课堂教学变革的高校都无法真正逼近教育改革的核心地带，也不可能走向真正的优质。因此，改革先行的高校必将率先得到学生的青睐。

"培养什么人，如何培养人"一直是高等教育的根本问题。为实现人才培养与社会经济发展需求的有效对接，培养应用型人才成为地方本科院校比较一致的选择。这一人才培养定位的提出是中国高等教育面对社会转型发展、产业结构优化升级、市场人才选择方式变化、就业形势日益严峻等现实所作出的时代回应，不仅对促进我国社会转型与发展具有重大意义，也有助于有效实现人的多样化发展。

1. 应用型人才的培养目标定位

关于"应用型人才"，一般认为具有以下三大关键特征。

第一，具有"人才"的基本特征。他们是在人力资源中具有较高能力和素质的人，具备一定的专业知识或专门技能，能够进行创造性的劳动并对社会的发展作出贡献。

第二，具有"应用型"的共性特征。与精通理论研究的学术型人才和擅长实际操作的技能型人才相对应，他们面向生产第一线、面向基层，既有扎实的理论基础和专业素养，又具备相应的应用型思维，动手与实践能力强，善于运用自己已掌握的知识、理论与技术从事专业活动。

第三，具备"创新性"的时代特征。应用型人才要在富有个性与变革的时代紧随技术的发展与进步，必须具有开阔的视野，具有发散性、求异性及逆向性思维，能把创新构思付诸实践。

为此，在应用型人才的培养目标定位上，知识结构以"厚基础、宽口径、重应用、强创新"为基本原则，强调"学以致用"，突出新理论、新技术、新材料、新思路在行业生产实践中的灵活应用；能力结构侧重于组织、指挥、协调、管理与服务等应用能力的培养与训练，突出创新意识与创新精神的培养等；人格结构强调具有强烈的好奇心与探究欲望、高度的责任感与团队合作意识等。

为实现这一人才培养目标，教师不仅要着眼于当前社会经济发展的需求，还要关注未来走向，尽力为学生拓宽就业、创业之路。面向当前国家经济转轨、社会转型的阶段性特征及需求，教师基于强调能力本位的学习特性，积极探索突出能力培养的"全新"的应用型人才培养方案，改革学习内容、方式方法，努力激发学生的学习热情，帮助学生掌握扎实的理论知识，具备较高的专业素养和较强的实践应用能力，具有科学的思维方式和一定的管理能力，让他们在文明、民主、多元的时代能表达、懂沟通、善合作，让他们在开放的世界不盲从、有坚守，能提出独立的见解和创新的观点，在激烈的竞争中有良好的生存与发展能力。

面向不确定的未来，教师一直在思考，伴随信息技术日新月异的进步和技术更新换代周期不断缩短的现实，如何为学生规划未来的职业发展。当人才的竞争赛道再次切换，当一些工作岗位消失，什么人不会被淘汰？教师现在要教会学生什么？教师应研究如何帮助学生于在校期间培养适应终身发展需要的核心素养和提升关键能力，具备信息的获取与分析能力，让他们在浩瀚的知识海洋中学会学习，适应学习型社会和终身教育时代的发展需求；教会他们在迅速变化的社会环境中学会选择，快速把握机遇，更好地融入未来社会，不断超越自我。

2.应用型人才培养对课堂教学的要求

高素质的应用型人才，能将知识转化为现实生产力，直接服务于地方经济建设。课堂是体现学校办学理念、完成人才培养目标的前沿阵地，是不断改革与创新的据点，理应面向应用型人才的培养需求作出快速反应。

教学内容维度上，不过多地追求定义的准确、逻辑的严密、真理的穷尽，不侧重于知识的整理和发现、思想的回溯与前瞻、理论的争鸣与演变，不局限于教材、教师与教室，而是更贴近学生生活及社会实际，贴近专业、行业的发展前沿，重视对成熟理论要点的认识、理解及应用。

在方法和手段维度上，要求建立生成性的教学观，强调利用感官去体验、去实践、去解决现实问题，推动学生基于自己的经验背景建构对知识的理解；注重课堂教学方式方法的多样化和灵活性，采用案例教学法、模拟教学法、项目教学法等，创设一定的教学情境，引导学生灵活运用专业知识、理论与技术去分析和解决专业活动中的问题，培养学生的实践应用能力；采用启发式教学、探索性教学、研究性教学、创新性教学等，引导、启发学生探索问题、分析问题、研究问题，培养学生的创新能力与创新素质；综合运用现代信息技术和科技手段扩展和丰富教学方式方法，满足个体发展需求，促进多元能力培养。

在时空维度上，要求不断拓展课堂教学时空，不断拓展学生学习、体验和训练的时空，让学生紧跟专业、行业的发展动态，获得更多动手操作和现场实践的机会，帮助学生在课内外获得更多主动学习、研究与反思的经历。

（三）传统课堂的弊端

显然，相对于应用型人才培养目标的时代要求，一向注重理论知识传授的传统教育教学模式并不能有效保障这一人才培养目标的实现。当前应用型教育还未完全进入教学改革的"深水区"，教与学的中心依然未改变。产生于 18 世纪工业化时代背景下，以夸美纽斯、赫尔巴特、凯洛夫等为代表的"以教师为中心""以教材为中心""以课堂为中心""以理论为中心"的教学范式，由于整体效率高，目的性、系统性强，在教学领域依然占据主导地位。尽管这种教学模式使教师可以按计划、有步骤地开展教学活动，学生也可以获得较为系统、全面的专业理论知识，但相应的缺陷也在应用型人才培养的教学情境下凸显出来。

1.学生缺乏学习主动性

当前，学生学习的自主性、独立性等培养理念已得到了普遍认同，实践效果却往往不尽如人意。不少高校的学生缺乏学习的主动性，学生"不想学、不爱学、不学习"已成为高校学风建设中一个亟待解决的问题，主要表现为学习目标不明确、缺乏学习兴趣、学习投入不足、课堂参与极为有限、学习体验差、厌学甚至弃学等。学习主动性的丧失不仅使人才培养目标要求无法达成，而且也制约着学生未来的可持续发展。

2.学生缺乏自主学习能力

表面上看是学生缺少学习的热情，实质上，他们"不想学、不爱学、不学习"的背后是他们缺乏自主学习的能力。

（1）大学学习适应性不够

很多学生习惯了中学时代"填鸭式、灌输式"的应试教育，难以适应以自我管理为主要方式的大学学习。有相当一部分学生坦言："虽然我很想好好读书，但自己学习自制力不够，到了大学学业压力减轻，自己也就放松了。上课偷偷玩手机，不玩手机也老是走神，集中不了注意力。"其中，表示"无法在上课的时候坚持听课""很容易分心""听不懂就懒得去听了""跟不上的话我就自己玩手机"的学生不在少数，还有学生表示自己最大的困惑就是"我自己每次制订的计划都无法完成，总是有这样或者那样的事情突然跑出来打乱计划。每个时间都有不同的想法，之前的计划又被推翻""像我这种没有定力的，基本上就是别人玩我也会玩"等。

面对种种的大学学习适应性问题，大学还应该自问，如果教师一开始就认定学生"不爱学、不会学、不学习"，学生又何时才能真正学会学习？面对这样的学情，教师是否应厘清学生对教学方法的明确诉求，思考学生什么时候最需要教师？教师应深入研究如何培养学生学会学习的能力，激发和延伸学生有效学习行为的发生，推动他们真正成为学习的主人。

（2）普遍缺少问题意识

传统"四中心"的课堂教学模式下，普遍存在着以下四种现象。

第一，在学习内容上，书本知识过多、实践训练过少，结论型过多、问题型过少，封闭式过多、发散式过少。

第二，在学习方式上，从师性过多、自主性过少，知识传授过多、启发和探究过少。

第三，在学习状态上，共性标准过多、个性发挥过少，求同性过多、求异性过少，重分数过多、重能力过少，继承性过多、创新性过少。

第四，在学习情感上，应试型过多、兴趣型过少，盲从型过多、问题型过少。

不少学生表示"习惯了教师讲，同学们听"的"舒服"的课堂教学方式。当问到"什么时候最需要教师指导"时，有些学生表示"感觉没有什么特别需要教师的时候，因为不知道自己的学习存在什么问题，也不知道该怎么向教师询问"还有学生觉得"师生互动对自己学习很有帮助，却总觉得不好意思找教师"。

这些"过多与过少"导致学生的学习跟着书本走、听课跟着教师走、考试跟着复习范围走，不仅脱离了实际应用，隔离了学生的生活世界与所学知识之间的关系，剥夺了学生通过个体体验、感悟而获得个体性知识的学习机会，而且让学生养成了本能的、被动接受的学习习惯，在思维上形成对教师的依赖性，弱化了学生对知识的搜索、筛选、分析、建构、内化与创新，造成学生普遍缺乏问题意识，发现、分析和解决问题能力培养被忽视等与教学改革目标背道而驰的现象，导致学生的发散性思维、逆向思维被束缚、被禁锢，敢于冲破传统、藐视权威的新思想、新观点被扼杀。

显然，教与学的中心不改变，从基底上不足以形成有效支撑应用创新型人才赖以孕育、滋生和成长的土壤，人才培养目标就成了空中楼阁。因此，必须重新思考在基于时代需求特征的应用型人才培养框架下什么样的知识最有价值？教师如何为学生提供更有生活价值的学习？课堂教学的变与不变在哪里？

3.课堂教学缺乏吸引力

走进今日大学之课堂，课堂上的情形往往是：教学设备先进，而前排座位却常常坐不满；教师在台上卖力地讲，学生在下面稀稀落落地坐，眼睛看的是手机，心里想的是自己的事情；有些课堂过度地拓展学科内容，脱离学生实际水平；有些课堂对学科本身魅力和关键知识的深度把握不足，造成课堂教学表面热闹，实际上普遍不够"深刻"。

（1）教学方法陈旧单一

在单向灌输式的课堂上，教师一直在讲，学生不得不一直听。学生参与课堂的程度极为有限，学习更多依靠单纯的记忆和理解，"上课记笔记、下课看笔记、考试背笔记、考后全忘记"成为学习的常态。学生的应用、发散、创新、逆向等思维和探究欲望被禁锢和束缚。学习的主观能动性几乎无从发挥，课堂教学对他们的吸引力和他们在课堂上的参与性就可想而知了。而且，单一的课堂讲授由于受"统一进度"的制约，容易忽略教学对象的个体差异，漠视其个性需求，使得"在课堂时间传授知识"注定是一种有缺陷的方法，因材施教只能成为一种美好的愿景。

可以认为，单向的灌输式教学和单一的"教与学"关系是今天课堂教学缺少生机、缺少深度、缺乏吸引力的重要原因之一。

（2）学生的学习特点与当前课堂教学形成冲突

今天的学生群体构成已经发生了巨大变化，这是一群成长于经济社会、高等教育高速发展和转型时期的新生代大学生。相对平稳优质的生活环境、丰富多元的思想文化给其价值观念、思维及行为方式等带来了很大影响。他们求新、求变，极具个性化，喜欢寻求刺激；他们自我意识强烈，相对务实，注意力更多地放在应对就业、谋发展等具体实用的事情上；他们具有更加丰富的生活阅历，但缺少为实现目标坚忍不拔、不懈努力的意志力。这又是一个被电脑、手机、摄影机、音乐播放器等数字科技包围的年轻群体，他们从小与数字设备相伴。数字化生存以其特有的魅力影响着他们的学习方式、认知方式乃至个性化发展。他们时刻关注前沿的信息技术，平板电脑或手机里总能接收到来自天南地北的各种海量信息资源推送。他们更注重视听体验，有着更强、更快接受新鲜事物的能力。无论当时他们是在餐厅，还是在候车亭或是在公园，无时无刻不在进行着信息交流、屏幕阅读、人际互动和分享。

在他们的学习被贴上"快餐式""碎片化"标签的同时，不得不承认，他们的生活与学习方式相较以往已经悄然发生了巨大变化，正从单一的集中式的正式学习走向网络化、个性化、自主探究、团队合作等多种形式的学习。

但与发生了重大变化的学情不一致的是，教师的教学方式几乎没变。新一代大学生的个性化发展和多样化需求正极大地冲击着传统的大学教学模式。学生对课堂里来自教师有限的"口头信息"和来自课本静态的"纸质知识"，在态度上、行为上、情感上表现出不屑一顾、我行我素的反应。不少大学生必修课选逃、选修课必逃，用语言和行为表达出对目前大学课堂教学的不满，导致教师们普遍感觉到学生"难教""难相处""难以应对"。

此外，与学生学习节奏不相适应的课堂教学，受制于规模压力而缺少相应的改革策略跟进的教学活动开展，还增加了教学互动的困难，带来了师生之间交流、沟通、启发与研讨的缺乏；师生之间的思维碰撞、情感交流和心灵融通少之又少，不仅难以支撑应用型人才培养目标的实现，也导致师生关系的淡漠。

（四）当前课堂教学改革的新要求

针对目前高校课堂教学的种种现象，社会各界纷纷呼吁向最微观的大学课堂要质量。高校向课堂教学要质量，就应把课堂教学作为支撑质量目标的核心环节，探索形成符合应用型人才培养本质特征的课堂教学骨架，使课堂教学真正有效服务于学生的学，让学生真正成为课堂的主人，让努力的学生有收获、徘徊的学生有目标、积极的学生有成果、消极的学生有体验。

1.强调学生学习的责任

当前，要想培养一批应用型人才，要求学生在应用实践和现实问题解决中的主体性作用得以发挥，首先要强调学生必须能主动为自己的学习行为承担责任，让学生成为自己学习的主人，成为教学活动自觉的、积极的、具有生命活力的参与者，成为知识的主动探索者、发现者，成为自身建构与发展的主宰者和体验者；推动"教"的课堂逐步走向"学"的课堂，让课堂教学不再仅仅是以教师讲授为主的单向传递式教学，而是实现师生协同学习、合作研究和共同成长。

这意味着在课堂教学中，不仅要激发学生学习的主动性和积极性，引导学生把时间、精力和智慧投入学习中，帮助学生在信息化知识大爆炸的今天减少学习的随意性和盲目性，逐渐学会自主式、参与式、探究式学习；还要赋予学生学习应有的权利，赋予学生在自主确定学习目标、选择学习内容和决定学习方式等方面一定的自由，让学生的学习被内在需要所驱动，充分发挥学习主观能动性，激发学习潜力、焕发学习优势。

2. 激发学生的问题意识

人生而具有好奇心、求知欲，这是人能够获得理性、自由、创造等超越动物性发展的基石，其表现在学习兴趣、学习态度等方面。人只有积极运用天性去探索问题并试图解决问题，才可能有创新，也就才可能有成长、发展和超越。学会学习的一条最佳途径是走向问题启发式学习：教师引导学生学会发现问题、生成问题、解决问题，师生围绕"问题"开展自主、合作和探究式的学习，使学习活动走向思维运动，才可能培养学生具备多元思维的能力。

在人才培养中强调问题引领在教学中的重要性，要求教师要以问题为起点、以问题解决为主要活动过程，激发学生对问题的敏感性；要求教师要以研讨与现实联系密切的问题为主，跟踪和了解该领域的学术前沿问题或尖端技术，挖掘学生潜在的研究天赋，培养学生的研究素质和钻研精神，形成面对困难时积极主动探索解决问题的钻研潜质，以及自信、全面、富于进取和创新精神的人格和工作特质；要求教师要为学生创造更加自由、民主的学习氛围，师生共同围绕学习问题，通过在对话、交流、质疑、假设、分析、评价、论证等教学活动环节中独立自主或合作探究解决问题，帮助学生不局限于惯性、惯例等，助力学生问题意识、问题解决能力及自由独立人格的生成，推动他们独立思考、判断真假、选择信息、挖掘深层次的含义、寻求看问题的不同思路和视角等。

3. 注重培养学生的核心素养

核心素养是人必备的品格和关键能力。提出核心素养的依据有如下几个：未来个人发展和社会生活所需的品格与能力无法预期，个人在学校受教育期间唯一能选择的是发展必备品格和关键能力；知识以几何级数增长，能力以几何级数分化，学校教育无法穷尽知识与能力；社会生活愈加纷繁复杂，价值取向多元，学校教育无法培养面对所有社会问题的各种技能；学校教育应专注于培养必备品格与关键能力。

语言教学中的核心素养主要包括语言能力、文化品格、思维品质和学习能力。

（1）语言能力

所谓语言能力，是指在社会情境中借助语言来理解、表达的能力。作为英语技能教学而言，这一能力是学生应具备的基本能力，也是语言学科的核心素养。对于语言学科而言，听、说、读、写属于经典的语言技能，因此，对这四项基本技能的培养是非常必要的。同时，由于在时代背景下，学生需要面临各种数据、图表形式的资料，因此他们还需要掌握"看"的技能。通过看，他们才能获得第一手资料，因此，"看"也成为语言能力的一个独立元素，需要学生学会"看"的本领。

（2）文化品格

所谓文化品格，不仅指对一些文化现象、情感态度、价值观的了解，还包含对语篇反映的文化传统与社会文化现象进行评价与解释，通过归纳与比较语篇反映的文化来形成自己的文化态度、文化立场、文化认同、文化鉴别的能力。

语言教学中的核心素养尤其注重从多元文化的角度来渗透，通过比较、识别中西方文化的异同，学生才能在自信、自强、自尊的价值观引领下形成传统优秀文化、理解运用外来文化的能力，从而顺利地进行跨文化沟通。

（3）思维品质

所谓思维品质，与一般意义的思维能力、语言能力核心素养中的理解和表达能力不同，指的是与英语技能学习相关的一些思维品质。在核心素养中，思维品质是与学生的个性发展最为贴近的一个维度。思维品质的提出与深化，与英语教学改革相符，也是对"立德树人"目标的践行。

（4）学习能力

所谓学习能力，不仅指对学习方法与策略的掌握，还包含对语言学习的认知与态度。学生应该主动拓宽语言技能学习的渠道，积极运用所学策略，提高自身的语言学习效率。另外，学生也不应该拘泥于以课本、课堂为核心的教育情境，而应该从课堂走向课外，扩充自己的知识面。

4.转变学生学习的方式

学习方式是学生在开展学习任务时自主、探究和合作的基本行为特征和认知取向，主要包括接受学习、发现学习、探究学习、合作学习和体验学习等。当前，在高等教育相对发达的国家和地区，高校在人才培养过程中使用的教学方式方法均呈现多样性、灵活性、针对性等特征。推动学生学习方式的转变，应立足于学生的能力养成，既要具有符合应用型人才特征的针对性，又要具有符合学情特征的时代性。具体来说，可以从如下四点着手。

第一，倡导自定节奏的自主探究式学习。要为学生营造发挥主观能动性的机会，引导学生大胆挑战传统的识记性学习方式和学习思维，帮助学生学会学习，成为学习活动的主人，推动他们结合自身需求和环境自由地、个性化地灵活变化学习方式，学会在研究和创造中学习。

第二，推动学生走向团队合作式学习。要培养学生的合作学习能力，逐步告别单打独斗式学习，学会与不同专业背景的人交流与协作。

第三，应用情景式教学就是关注学生在情境中的认知体验，借用新兴技术模拟真实场景，增强学生的过程参与性，进而增强学习认知。

第四，关注在线学习和移动学习。源于互联网时代为学生学习注入的新活力，丰富的网络学习资源，自由多样、简单便捷的知识获取途径和学习方式，帮助学生打破学习时空的局限，学会应用现代信息技术高效地学习，培养学生在"信息超载"时代对信息的搜索、筛选、分析、应用能力等。

5.增强学生的学习体验

个体的发展具有独特性和不均衡性，在尊重个体差异的基础上，关注学生的学习体验，努力为所有学生创造锻炼和表现的机会，可以激发学生学习的内驱力，发展其勇于探索、不断进取的良好个性。当前，学校教学的评价过于强调甄别与选拔功能，而忽视激励和促进发展的功能，往往只看结果，忽视学习过程，结果造成只有个别优秀学生能得到积极评价，产生愉快体验，从而激发自信心和学习兴趣，而大多数学生则成了隐性的失败者，难以形成积极健康的情感体验。

高校教师在教学过程中，不仅应针对应用型人才强调利用感官去体验、去实践、去解决现实问题，密切联系社会实践，研究教学方法的适切性，采用多种方法灵活教学，增强学生的学习体验，让课堂不为教材、大纲等所约束，让学生广泛参与课堂，让学生在课堂上师生间、生生间双向或多向互动中真切体会到好奇、思考、辨析、研究的课堂教学魅力；还要注重评价的方式和作用发挥，让每一位学生都体验到成长的快乐和克服困难的喜悦，享受学习的快乐，帮助学生正确认识自己、悦纳自己，激起他们主动学习的动力和获取成功的力量。

5.促进学生的深度学习

所谓深度学习，是指在理解性学习的基础上，学生能够批判性地学习新知识和新思想，并将它们融入原有的认知结构中，能够将众多思想联系起来，也能够将已有的知识迁移到新的情境中，从而独立决策和解决问题。采用深度学习策略的学生在学习过程中更善于保持、整合与迁移所学知识，更易于取得好的学习成绩，同时产生愉悦的学习体验。

当前高校的人才培养应建构深度学习视野下的课堂情境，不仅要将课堂作为学生知识深度加工的主场所，把原来教师单向传授的教学过程转变为师生双向互动的教学过程，创设促进深度学习的真实性和批判性的课堂情境；还要围绕问题，以理解、建构、反思、迁移为着力点，探究深度学习发生的情境机制，让学生在合作探究和建构中实现对知识的内化、吸收、应用和创新，有效培养科学思维、创新思维及发展理性思维，让他们在思维碰撞、心灵交流中实现有意义的学习。

二、混合式教学模式

（一）混合式教学的定义

混合式教学是教学信息化发展的新阶段，它体现出信息技术从教学辅助向与教学深度融合的发展轨迹。信息技术应用于教育教学最早始于计算机辅助教学（Computer Assisted Instruction，CAI），并且衍生出了计算机辅助学习（Computer Assisted Learning，CAL）、计算机辅助训练（Computer Assisted Training，CAT）等概念。直到之后互联网时代的网络教学平台（E-Learning）等，这些教学应用的特点都是从属于已有的教学流程，在教学过程中所起的更多是辅助、补充和支持作用。

当前，从教学角度而言的混合式教学，使互联网技术在教学中不再仅仅是工具或支撑平台，而是对教学思维、教学元素以及完整教学流程的重构。因此，混合式教学对于教学系统设计中的信息技术环境和条件、教学参与者的信息技术素养、教学管理的信息化水平都提出了更高的要求。

具体而言，在网络教学环境中，需要有稳定的有线网络和无线网络接入，而云计算服务器需要安装在专业的数据中心机房内，教师和学生应该普及智能手机和笔记本电脑等终端，并能够随时随地、稳定快速地接入平台；教师和学生对"互联网+"教育教学，以及信息化时代教学和学习的新理念、新思维有一定程度的认识和理解，能够适应教学流程重构和翻转对教师和学习者提出的新要求，能够主动调整自己在传统教学和学习模式中的习惯思维和行为，积极融入混合式教学的新模式之中。作为教务管理部门而言，在混合式教学的教务管理过程中必须继续提高管理的信息化水平，努力消灭数据孤岛，跨越数字鸿沟，重构教务管理规则和流程，避免传统教务管理中的一些规定和流程原样照搬到混合式教学的管理之中，以免造成生搬硬套影响混合式教学开展的不良后果。

另外，混合式教学中的教学绩效考核制度和教学质量评价体系也与传统教学评估的指标和模式存在较大的差异，需要教务管理部门与时俱进，研究制定混合式教学的考核和激励机制，从制度上推动基于慕课的混合式教学在学校教学中的应用普及与深入发展。

由于混合式教学是对传统教学模式的流程重构，并不是简单的互联网应用，必将触动教师的传统教学观念和工作模式，甚至是触动教师的个人利益，这些问题与技术问题交织在一起，使混合式教学模式的施行势必会遇到一系列问题和阻力。因此，学校教务管理部门和教学单位的首要工作目标应该是区别并梳理各种矛盾和问题，对症下药，多管齐下地予以逐步解决，切忌以点带面，放大次要矛盾而忽视或回避主要矛盾，从而使问题复杂化，导致关键问题更加难以处理。

混合式教学公认的、比较宽泛的定义是"在线学习与面授教学的混合"，自20世纪90年代末发展至今，混合式教学的概念经历了一个越来越清晰化的演变过程。针对混合式教学的概念应包括物理特性和教学特性两个维度，为此，将其概念的演变划分为以下三个阶段。

1.技术应用阶段（20世纪90年代末至2006年）

自21世纪开始，混合式教学已经引起国内外学者和实践者的关注。此阶段对混合式教学的定义主要强调其物理特性，混合式教学是面对面教学与在线教学的结合，结合了两种历史上各自独立的教学模式：传统的面对面教学与在线学习。即在教学内容上结合了一定比例的在线教学与面对面教学。

在教学特性上，此阶段的混合式教学主要被理解为一种新的学习方式，重点强调技术在教与学中的核心作用。依据信息技术在混合式教学中的应用方式和应用深度，这一时期的混合式教学可划分为五个层次：没有技术支持的纯面授教学；信息技术基本应用；信息技术促进教学；信息技术主导；纯在线。在这个阶段，混合式教学被看作纯面授教学与纯在线教学之间的过渡阶段，是二者基于信息技术的简单结合，而技术应用的多少成为关键划分标准。

2. 技术整合阶段（2007年至2013年）

2007年以后，混合式教学的定义逐渐清晰。

（1）物理维度

学者们尝试清晰界定在线教学与面授教学的比例，把混合式教学与纯面授、纯在线教学分离开来。混合式教学是一种独立的教学模式，而不是一种过渡性教学模式。斯隆联盟对混合式教学明确只有"30%～79%的教学内容采用在线教学"的才能称为混合式教学。

（2）教学维度

学者们更多地从教学策略、教学方法的角度界定和关注混合式教学，关注在线教学与面授教学相结合的混合式学习环境下的教学设计。这个阶段混合式教学概念重点关注"交互"，关注混合式学习环境给交互带来的变化以及相应的教学设计改变。其界定为：混合学习描述了一种新的学习方式，它实现了学生与学生、学生与教师、学生与资源之间面对面（现场）交互与在线交互的结合。混合式教学的三个特征：由以教师为中心转向以学生为中心；增强了学生与学生、学生与教师、学生与内容、学生与外部资源之间的交互；采用形成性评价与总结性评价相结合的评价机制。

3. "互联网+"阶段（2013年至今）

随着互联网与移动技术的迅猛发展，特别是"互联网+"时代的到来，混合式教学的概念也有了新发展。

（1）物理维度

移动技术的应用被正式纳入混合式教学的概念中。混合式教学的概念由"在线教学与面授教学的混合"正式演变为"基于移动通信设备、网络学习环境与课堂讨论相结合的教学情境"。

（2）教学维度

混合式教学是一种新的"学习体验"。对混合式教学的理解在经历了技术视角、教师视角后，落到了学生视角，开始关注混合式学习带给学生的改变、对学生学习的支持。混合式教学不是简单的技术混合，而是为学生创造一种真正高度参与性的、个性化的学习体验。混合式教学概念强调"以学生为中心"。所谓混合，不仅是面对面教学与在线教学的混合，更是在"以学生为中心"的学习环境下教学与辅导方式的混合。

（二）混合式学习的三个部分

第一，在线学习部分，学生的学习过程有一部分是通过在线进行的，在线学习期间学生可自主控制学习的时间、地点、路径或进度。这种在线学习并不是通过网络搜寻数字化工具完成的，而是从与教师面对面的指导转变为以网络为平台的教学内容和指导。

第二，学生的学习活动有一部分是在家庭以外受监督的实体场所进行的，即学生的日程表里至少包含在校园内、家庭之外的学习部分。

第三，学生学习某门课程或科目时的学习路径模块，要与整合式的学习体验相关。

（三）混合式学习的展开模式

混合式学习的展开模式不同于仍然强调全班统一的技术型教学（工厂式教学），而更加侧重个性化和差别化教学，采用弹性化的能力本位的菜单选择模式，通过地点、机房转换和翻转课堂、个体转换等，获得教师和同学的帮助。就像海上的帆船同时获得风帆动力和蒸汽（电力）动力的推动，或者像兼有汽油动力和电池动力的汽车那样更有持久的动力，使学生的学习效率提高，学校的办学成本下降。因此，混合式学习的主要模式包括如下四种。

1.转换模式

学生按照固定的时间表或听从教师的安排在任何课程或科目中进行转换，而在这些学习模块当中，至少有一个模块是在线学习。通常在课堂教学中，学生在在线学习、小组学习或课堂作业、课内试验等项目中进行转换。翻转课堂是转换模式的常用类型，也是最受媒体关注的类型。

2.弹性模式

学生可以在在线学习和面对面学习之间自由转换。弹性模式下学生会根据自己的需要，学习弹性课程的各部分内容。

3. 菜单模式

在一些国家，高中阶段最常见的混合式学习模式就是菜单模式，这种模式包括任何学生要在实体学校中通过完全在线方式修完的课程。例如，如果社区高中没有开设汉语课或物理课，那么，学生便可以在学习学校常规课程之外，在自修课或放学后在线学习这些课程。

4. 增强型虚拟模式

这种模式的课程会提供必修的面对面学习部分，但学生可以在自己喜欢的任何场所在线完成课程的其余部分。

在传统的课堂中，教师是课堂的主体，课堂学习主要依靠教师的语言传授，教师更多关注"教什么""怎么教"，把教学更多视为一种单向的知识传递。这种方式虽然有利于系统性知识的传授，但不利于发挥学生的主动性，也不利于激发学生的兴趣。混合式教学模式下，教和学是相互依存的，教师和学生是交互的主体，它对教学环节的重构、教师角色的转变与教学能力的创造提出了更高的要求。

（四）混合式教学模式下的教学环节重构

混合式教学既要关注教师"如何教"，又要关注学生"如何学"。在教学环节中强调以学生个体自主学习为主，引导学生对问题进行思考，提高学生对知识学习的主动性和积极性，引导学生多与他人深入地交流探讨，完成被动的"要我学"到主动的"我要学"的转变。

学生来学校的两项动力来自交友的乐趣以及成就感、进步感，教育本身只是学生实现这些体验的一个可接受的选择。因此，教学环节设计首要任务是理解学生的观点（即同理心），把提升学生学习动力作为整个设计的指导原则。"以学生为中心"的课堂应该让所有学生获得多重体验，得到尊重与欣赏，发展自身的能力。实践证明：实体课堂的素材越贴近学生生活现实，让学生看得懂、有话说、会动手、辩得透，学生就越能从课堂中获得多重体验，课堂将成为学生发挥潜能的场所。

混合式教学过程一般包含以下几个阶段。

1. 前期分析设计阶段

教师需要认真分析每一个知识模块的核心问题并进行设计，既要站在学生的角度对教学要素进行分析，设计教学过程，通过联系实际或是学生感兴趣的话题引出所学内容，又要对教学过程和方法进行全面、详细的设计和把握，还要对课程和学生的发展进行长期规划。

2. 网上学习阶段

教师通过混合式教学平台为学生提供学习内容及相关资源，对学生进行引导，使其能积极学习、深入思考，鼓励学生利用平台与同学、教师进行交流，要求学生提出发现的问题或存在的疑惑。教师通过平台记录并分析学生的学习情况，了解学生自主学习过程中的问题与思考，将所有问题进行汇总并深入分析，了解学生聚焦的问题，为面授探讨阶段做好准备工作。

3. 面授讨论阶段

教师不必对学习内容进行重复讲授，这样有利于促进学生自主学习的积极性，使其不再对教师形成依赖心理，实现教学过程中教师"教"到学生要自主"学"的观念的转变。教师提出网上学习阶段所总结出的问题，并将问题逐层解析，分层次引导学生展开讨论。在讨论过程中还应注意学生观点的正确性，鼓励每一个学生大胆主动地参与，引导学生深入思考，并在最后对学生的探讨结果进行评论，完成知识的总结。

4. 评价阶段

通过混合式教学平台针对学生网上学习阶段提出的问题及面授探讨阶段的表现进行评价。评价阶段既可以由教师作出评价，也可以发动学生互相评价，通过每个人的参与，激发学生的学习主动性，同时也促进了学生的思考与进步，更重要的是形成自主学习、思考的习惯。

（五）混合式学习中教师成为动态资源的创新者

在混合式教学中，虽然表面上淡化了教师的"教"，强化了学生的"学"，但实际上要求教师朝着课程的设计者、讨论的引导者、课堂的组织者去转变。在传统课堂中，教师是静态资源的生产者，向学生传递纸质的、单一的、相对静止的知识内容。随着现代媒体的发展、信息化程度的提高以及知识更新速度的加快，学生不再仅仅依靠教师这一知识来源，静态资源也早已不能满足学生的各项需求。

混合式学习要求教师成为动态资源的创新者。与传统课堂教学模式中的教学资源不同，信息技术与课堂教学的深度融合使教学资源具有了生命力，同时也促使课程内容朝着动态化发展。教学资源通过不断完善逐渐进化为优质资源，利用网络环境下多元动态的资源，如数字教材、网络课程、网络百科等，教师可以随时随地进行资源的更新。因此，教师在重新构建学习模块中，既要为学生创造适合的自主学习情境和协作学习情境，吸引学生积极参与某一知识模块的学习，又要注意知识的关联性及整体性，对教学过程和方法进行全面设计，对课程和学生的发展进行长期的规划。

混合式学习强调教师能够大面积地覆盖多个课程的辅导或指导，或者能面对一个大学科衍生出上百种课程让学生随问随答，既能面对面辅导、指导、主持讨论、扮演角色，也能线对线拓展知识、强化训练、提供各种服务，把音乐、动漫、科技、电影、历史、生活知识及技能融合在课程中。

在混合式教学模式中，教师的行为将从课前引导、网上学习、课堂面授探讨一直延伸到课后的评价阶段，贯穿教学的全过程。从准备阶段到教学实施，只有不断更新观念、不断加强注重专业知识的学习历练，更注重混合式教学中所涉及的信息技术的学习和实践，才能适应未来教学环境及未来创新教育的能力，也就才能真正实现学生学习动机、学习方式及学习效果的转变与提升。

（六）高校英语混合式教学的优势

1. 有利于发挥集合优势

开展混合式教学有助于将新旧教学模式结合起来，彼此之间进行相互的学习，系统展开思考，对各种教与学方法进行整合和分析。这样不仅能够将教师的教学技能挖掘出来，发挥教师在教学中的主导性，还能够以学生为中心，发挥学生主体性。同时，教师集中先进的教学技术、教学设施等，为学生创设必备的学习环境。

2. 有利于及时反馈

在传统的教学中，教师很难进行全面准确的反馈，但是在混合式教学模式下，教师可以运用一些网络平台，结合线上线下教学环境，让教师全面准确地了解学生，帮助学生解决学习中遇到的问题，从而不断提升教师的教学效果。

3. 有利于高效互动课堂的建立

传统的教学模式主要侧重于教学活动，教学内容主要是由教师灌输给学生，是一种单向的转移。在学习中，学生不能有效地参与到课堂之中，学生与课堂很难实现互动；教师的教学模式也比较单一，缺乏灵活性。

在混合式教学模式下，教师选择先进的教学手段，其目的是实现师生之间的互动，从而便于师生解决教与学的问题。

4. 有利于个性化学习

在学习中，学生可以根据自己的需要选择适合自己的学习方式，激发他们主动参与课堂，展开与教师、与其他学生之间的协作。同时，学生也有充足的时间进行课外实践。显然，这与当前的高校英语教学改革潮流相符。同样，学生能够自主选择也属于一种深度学习，是一种创新手段，便于学生获取好的成绩。

（七）高校英语混合式教学的实施策略

1. 课前阶段

在混合式英语教学中，教师在展开授课之前，要从教学内容、学生实际学习情况出发，对课程资源进行整合。并考虑实际的情况，设计具体的教学任务，从而培养学生的自主学习能力。教师可以将与教材相关的学习目标、学习计划、学习主题等预习任务发送给学生，学生从自身的能力出发，通过各种形式完成预习任务，从而不断提升自身的自主学习能力。同时，在混合式教学中，学生与教师或者其他同学之间还可以进行互动，如果遇到问题，学生也可以向教师或者其他学生寻求帮助。

2. 课堂阶段

混合式教学实际上是线上线下混合式教学，其中的线下即课堂讲授，这一阶段主要通过课堂与自主学习平台的融合，展开多媒体辅助教学。首先，教师要对学生的预习情况进行检查，并指出学生在预习过程中存在的问题。其次，教师运用多媒体对教学内容进行丰富，提出一些具体的问题，让学生进行思考。再次，教师从实际情况出发，设计相应的学习任务，让学生之间进行探讨，或者通过一些角色扮演的形式，调动学生的参与积极性。最后，教师让学生进行反思，可以进行自评、互评，对自己的学习内容加以总结，激发他们的探究精神。

3. 课后阶段

在课后，教师通过混合式教学对学习资料进行补充，开阔学生的视野，加深学生对知识的掌握情况。当然，学生也可以在网上寻找一些复习材料，从而使自己的学习效果更优化。

高校英语教学是我国基础教育的一项重要组成部分，与我国先进的科技、文化等交流有着密切的关系。掌握英语这门语言是现代人必备的一项素质。但是，我国高校学生来自各个地区，本身英语水平就有明显的差距，加上很多学生认为高校英语这门基础学科与自身的专业关系不大，导致他们出现了学习倦怠。处于学习倦怠状态的学生，学习没有动力，情绪上比较疲惫，课前不预习、课堂不听讲，甚至会放弃英语学习。对于学生而言，如果他们产生了学习倦怠，往往会影响英语知识和技能水平的提升；对于学校来说，会导致学风下降。造成学生学习倦怠的因素有很多，如学生自身、教师、学校、社会等因素，但是学习倦怠也不是无法解决的。只有对导致高校学生学习倦怠的各项因素进行清楚把握，才能避免学生在英语学习中出现倦怠情绪，也避免这一情绪在其他学生中蔓延。

第三节 基于人工智能的商务英语信息化学习环境构建

基于人工智能的商务英语信息化学习环境构建涉及结合先进的人工智能技术来创造一个高效、互动和个性化的学习体验。以下是构建这种学习环境的一些关键策略。

一、个性化学习路径

在传统教学模式下，学生群体的多样化是一个挑战。每个学生都有不同的学习习惯、兴趣爱好和学习节奏，传统教学模式难以满足每个学生的需求。而大数据分析可以通过学生学习行为的数据采集和分析，挖掘出每个学生的个性化学习需求，为他们量身定制符合自身特点的学习内容和资源。

另一个挑战是教育资源的不均衡分布。在一些地区，优质教育资源相对匮乏，导致教育差距进一步扩大。通过大数据分析，可以更好地了解学生的学习需求和资源匹配情况，为不同地区的学生提供个性化的教学资源，缩少教育差距。

评估方法难以全面客观地反映学生的能力和潜力也是一个教育挑战。传统的分数和等级评估无法全面衡量学生的综合能力和潜力。而大数据分析可以通过学生学习行为的数据，精确地评估学生的学习状态和能力水平，提供更客观、全面的评估结果。

因此，大数据分析在个性化学习中具有重要的应用价值。通过数据的收集和分析，可以有效地挖掘学生的个性化学习需求，并为他们提供个性化的学习内容和资源。同时，还可以优化学习路径，提供针对个体的个性化学习计划。这种个性化学习路径的应用带来了许多优势。

个性化学习路径能够根据学生的特点和需求，提供最适合他们的学习内容和方法，从而提高学习效果。传统的统一教学模式往往无法满足不同学生的学习需求，导致部分学生学习困难或者学习速度过快。而通过大数据分析，可以深入了解学生的学习习惯、掌握程度、学习风格等个性化特征，为他们量身定制个性化的学习计划。在个性化学习的路径中，学生可以根据自己的兴趣和学习需求选择学习内容和学习方式，从而提高学习的效果和效率。

个性化学习路径能够减少学生的学习压力。在传统教学模式下，学生往往需要在相同的时间和节奏下学习，容易导致有的学生因跟不上进度而感到焦虑和学习压力。而通过个性化学习路径，学生可以根据自己的节奏和兴趣进行学习，自由安排学习时间和学习内容，从而减少学习压力。个性化学习路径可以根据学生的学习情况和学习进展进行调整和优化，帮助学生更好地适应学习，提高学习的效果和教育体验。

个性化学习路径还可以培养学生的自主学习能力和解决问题的能力。在个性化学习路径中，学生需要根据自己的学习需求和进展制订学习计划，并自主选择学习内容和学习方式。通过这种主动参与和探索的学习方式，学生可以培养自己的学习动力和问题解决能力，提高自主学习的能力。个性化学习路径给予学生更多的学习自主权和选择权，激发学生的学习兴趣和学习潜力，促使学生更积极地参与学习和探索。

使用人工智能技术分析学生的学习习惯、能力和进度，可提供个性化的学习资源和路径。人工智能算法可以根据学生的反应调整教学内容和难度，以适应每个学生的具体需求。个性化学习路径是一种教育方法，旨在根据每位学生的独特需求、能力和兴趣定制学习内容和进度。在商务英语等领域实施个性化学习路径可以极大地提高学习效率和成效。以下是实施个性化学习路径的一些关键策略。

（一）学生需求评估

在学习开始前，对学生的语言能力、学习风格和兴趣进行评估。使用问卷调查、能力测试或一对一访谈等方法收集信息。

（二）定制化学习材料

根据学生的能力和兴趣定制化学习材料，为不同水平的学生提供不同难度的教材和练习。

（三）适应性学习技术

利用适应性学习技术，如智能教学系统，根据学生的反馈和进度自动调整学习内容。这些系统可以提供个性化的学习建议和资源。

（四）自主学习计划

鼓励学生制订自己的学习计划和目标。为学生提供足够的资源和支持，帮助学生按照自己的节奏学习。

（五）持续的反馈和调整

定期提供学习反馈，帮助学生了解自己的进步和需要改进的地方。根据反馈调整学习计划和材料。

（六）多样化的教学方法

结合多种教学方法，如讲座、小组讨论、项目工作、互动游戏等，以满足不同学生的学习偏好。

（七）技术集成

结合在线学习平台、移动应用和其他数字工具，提供灵活的学习方式。这些技术可以使学习更加互动和便捷。

（八）学习社群和支持

创建学习社群，如学习小组或论坛，鼓励学生互相帮助和分享学习经验。

（九）职业发展导向

根据学生的职业目标定制学习内容，确保所学技能与未来的职业发展相关联。

（十）个性化的进阶机会

为表现出色的学生提供进阶学习机会，如高级课程、研讨会、实习等。

通过实施个性化学习路径，可以确保学生根据自己的实际情况和需求得到最合适的教育，从而更有效地掌握商务英语和相关技能。

二、智能语音识别和评估

智能语音识别和评估在语言学习特别是在商务英语教育中可以起到重要的作用。这些技术不仅帮助学生提高发音准确性和流利度，还可以提供即时反馈和个性化的指导。以下是一些利用智能语音识别和评估的策略。

（一）发音训练和改进

利用智能语音识别技术帮助学生练习和改善发音。这一技术可以识别学生的发音错误并提供正确的发音示范。

（二）实时口语反馈

在学生进行口语练习时，系统可以提供实时反馈，指出发音和语法错误。这种即时反馈机制有助于学生立即纠正错误，并加深对语言规则的理解。

（三）对话模拟和练习

利用 AI 技术创建模拟对话场景，如商务会议、客户谈判等，让学生在真实情境中练习商务英语。这些练习可以帮助学生提高在商务环境中的沟通能力。

（四）个性化学习建议

根据语音评估的结果，为学生提供个性化的学习建议和资源。例如，针对学生发音弱点的练习材料和视频教程。

（五）跟踪进度和表现

使用智能语音识别系统跟踪学生的学习进度和语言表现。通过数据分析，教师可以更好地了解学生的进步和需要额外关注的领域。

（六）互动式学习活动

设计互动式学习活动，如语言游戏和竞赛，增加学习的趣味性。这样的活动可以鼓励学生更积极地参与口语练习。

（七）语言学习应用集成

集成各种商务英语学习应用，提供丰富的听力和口语练习材料。可以利用这些应用进行额外的练习和学习。

（八）教师资源和支持

为教师提供智能语音识别技术的培训和资源，并确保教师能够有效地利用这项技术来支持学生的学习。

（九）隐私保护和数据安全

确保使用智能语音识别和评估技术时，遵守数据隐私和安全规定，保护好学生的个人信息和学习数据。

（十）持续技术更新和维护

定期更新和维护智能语音识别系统，以保证其准确性和有效性。

通过这些策略，智能语音识别和评估技术可以极大地提高商务英语学习的效果，帮助学生更快速、更有效地掌握语言技能。

三、互动式学习平台

开发或引入互动式学习平台，提供多种学习资源，如视频教程、互动游戏、模拟练习等。平台应支持学生自主学习并提供多样的互动环境。开发或引入互动式学习平台，提供多种学习资源，这是提高教学效果和学生参与度的有效方式。这种平台可以为学生提供更丰富、更有吸引力的学习体验。以下是一些关于开发或引入这类平台的策略。

（一）多样化学习内容

内容包括视频教程、互动游戏、模拟练习、图表、动画等多种形式的学习材料，以适应不同学习风格。例如，视频教程可以清晰地演示复杂概念，互动游戏可以增加学习的趣味性。

（二）个性化学习路径

提供个性化的学习路径选择，允许学生根据自己的兴趣和学习速度选择不同的课程和材料。使用智能算法推荐相关课程和练习，以增强学习效果。

（三）实时反馈和评估

设计评估工具，如测验和任务以及实时反馈系统，帮助学生了解自己的学习进度和理解程度。这种即时反馈对于学生自我改进非常有效。

（四）互动和协作工具

集成论坛、讨论区、在线群组和视频会议功能，促进学生之间以及学生与教师之间的互动和协作。这有助于建立学习社群，提高学习的参与度。

（五）模拟实践环境

利用虚拟现实（VR）和增强现实（AR）技术创建模拟的商务环境，如模拟办公室、会议场景等，为学生提供实践练习机会。这些模拟环境可以提供真实感体验，增强学习的实用性。

（六）移动学习支持

确保平台对移动设备友好，支持学生随时随地进行学习。移动应用可以提供离线学习材料和通知提醒，增加学习的灵活性。

（七）技术支持和培训

为教师和学生提供必要的技术支持和培训，确保他们能够充分利用平台的功能。技术支持和培训包括教学内容的上传、互动工具的使用等。

（八）数据安全和隐私保护

确保平台符合数据安全和隐私保护的法律法规，保护学生和教师的个人信息。重视用户数据的加密和安全存储。

（九）持续更新和改进

定期更新学习内容和平台功能，确保教学资源的时效性和技术的先进性。根据用户反馈进行改进，以满足用户的需求。

（十）访问和使用便捷性

确保平台易于访问和使用，界面友好、操作直观。减少技术障碍，使所有学生都能方便地使用平台。

通过实施这些策略，互动式学习平台可以成为提高教学质量和学习体验的强大工具，帮助学生更有效地学习商务英语和相关技能

四、虚拟现实（VR）和增强现实（AR）

通过 VR 和 AR 技术创建模拟的商务场景，如会议室、国际贸易现场等，以提供沉浸式学习体验。利用 VR 和 AR 技术创建模拟的商务场景，为学生提供沉浸式学习体验，这是一种高效且创新的教学方法。这种方法能够模拟真实的商务环境，帮助学生在安全且控制的环境中练习和学习。以下是实施这种技术的一些关键策略。

（一）真实场景模拟

利用 VR 和 AR 技术创建与真实商务环境相似的场景，如会议室、国际贸易现场、商务谈判环境等。这些模拟场景可以让学生体验和练习特定的商务情境和技能。

（二）互动性设计

在虚拟环境中设计互动元素，如可操作的对象、模拟对话和决策制定过程。通过互动练习提高学生的参与度和学习效果。

（三）语言技能练习

在模拟场景中加入语言技能练习，如商务英语对话、演讲和谈判练习。这有助于学生在实际商务环境中应用和提高他们的语言能力。

（四）跨文化交流模拟

利用 VR 和 AR 技术模拟不同文化背景下的商务交流场景。这种模拟有助于学生理解和适应多元文化环境。

（五）专业知识整合

在模拟场景中整合商务专业知识，如市场分析、国际贸易规则、商务礼仪等。这可以使学生在实践中学习和应用这些专业知识。

（六）实时反馈和指导

提供实时反馈和指导，帮助学生了解自己的表现并进行改进。反馈可以来自系统或教师。

（七）多感官体验

利用 VR 和 AR 技术提供视觉、听觉甚至触觉的多感官体验，增加学习的真实感。这有助于提高学生的记忆和理解。

（八）可访问性和便利性

确保 VR 和 AR 技术易于访问和使用，不需要过多的技术知识，但应提供必要的硬件设备和技术支持。

（九）安全性考虑

在设计和实施 VR 和 AR 学习体验时，考虑用户的安全性，如避免长时间使用而导致的眼睛疲劳或运动不适。

（十）持续更新和改进

定期更新和改进模拟场景，确保其反映最新的商务实践和技术发展。

通过这些策略，VR 和 AR 技术可以为商务英语和相关课程提供一种新颖、高效且具有吸引力的学习方式。

五、数据驱动的教学决策

利用人工智能和大数据技术分析学生的学习数据，为教师提供教学决策支持。数据分析可以帮助教师了解学生的学习进度和难点，从而进行有效的教学调整。在教育领域特别是在商务英语教学中，采用数据驱动的方法来作出教学决策可以显著提高教学质量和学生学习效果。以下是实施数据驱动教学决策的一些关键策略。

（一）收集和分析学生数据

定期收集学生的学习数据，包括成绩、参与度、进度跟踪和反馈。使用数据分析工具来识别学生学习模式、成绩趋势和常见难题。

（二）个性化学习路径

根据学生的学习数据定制个性化的学习路径。例如，对于学习进度较快的学生提供更高级的材料，对于需要额外帮助的学生提供补充资源。

（三）课程内容调整

分析学习数据来评估课程内容的有效性。根据学生的学习效果和反馈调整课程内容，确保教学内容与学生需求和市场趋势相匹配。

（四）教学方法优化

使用学习数据来评估不同教学方法的效果。例如，对比传统讲授和互动式学习的效果，以决定最有效的教学方法。

（五）学习成效评估

定期对学生的学习成效进行评估，使用学习数据来确定学生是否达到了学习目标。

（六）预测分析

利用预测分析工具来预测学生的未来学习成果。这有助于及早识别需要额外支持的学生。

（七）学习干预和支持

根据学生的学习数据，提供及时的学习干预和支持。例如，对表现不佳的学生提供额外的辅导或资源。

（八）利益相关者沟通

定期与学生、教师和管理人员分享学习数据和分析结果。这有助于所有利益相关者理解教学决策的依据。

（九）持续的数据更新和分析

确保持续收集和分析学习数据，以支持教学决策的及时性和准确性，适应教学环境和学生需求的变化。

（十）技术培训和支持

为教师提供必要的数据分析培训和技术支持，确保教师能有效利用数据来作出教学决策。

通过这些策略，教育机构可以确保教学决策更加客观、及时且符合学生的实际需求，从而提高教学效果和学生的学习成果。

六、在线协作工具

提供在线协作工具是促进学生之间以及学生与教师之间交流和合作的有效方法。这些工具能够创建一个互动的学习环境，增强学生的参与感和学习体验。以下是实施在线协作工具的一些关键策略。

（一）论坛或讨论板

设立在线论坛或讨论板，供学生讨论课程内容、分享想法和解决问题。教师可以在论坛上发布讨论主题，鼓励学生参与并提供指导。

（二）实时聊天室

提供实时聊天室功能，让学生可以即时交流和讨论。聊天室可以用于小组讨论、答疑或即时反馈。

（三）文档共享和协作编辑

使用如 Google Docs 或 Microsoft Teams 等工具，允许学生共享文档并进行协作编辑。这种协作方式非常适合团队项目和共同研究。

（四）视频会议和网络研讨会

利用视频会议工具，如 Zoom 或 Skype 举行网络研讨会和小组会议。这有助于增加面对面交流的机会，尤其对于远程学习学生非常重要。

（五）项目管理工具

引入项目管理工具，如 Trello 或 Asana，帮助学生规划和管理团队项目。这些工具可以帮助学生跟踪项目进度和任务分配。

（六）互动式作业和评估

利用在线平台进行互动式作业提交和评估。教师可以在线批改作业，并提供及时反馈。

（七）资源库和知识共享

建立在线资源库，包括讲义、参考文献、录像教程等，供学生随时访问和利用。鼓励学生在资源库中分享有用的学习材料。

（八）社交媒体和学习社群

利用社交媒体平台建立学习社群，促进学生之间的非正式交流和知识共享。例如，可以创建专门的 Facebook 群组或 LinkedIn 小组。

（九）易用性和访问性

确保所有在线协作工具都是用户友好且易于访问的，包括对移动设备的支持，为学生提供必要的技术支持和培训。

（十）数据安全和隐私保护

在使用在线协作工具时，遵守相关的数据保护法规和标准，确保学生数据的安全和隐私得到保护。

通过这些在线协作工具，可以有效地促进学生之间以及学生与教师之间的交流和合作，从而提高学习的效果和质量。

七、动态内容更新

在教育领域尤其是在快速变化的商务英语教学中，动态内容更新是保持课程相关性和吸引力的关键。以下是实施动态内容更新的一些策略。

（一）定期市场和行业分析

定期进行市场和行业趋势分析，以确保课程内容反映当前的商业实践和最新发展。包括对新兴市场、技术趋势和行业需求的研究。

（二）整合实时新闻和案例

在课程中整合最新的商业新闻、案例研究和实际事件。这些实时内容可以帮助学生理解理论在实际商业环境中的应用。

（三）与行业专家合作

定期邀请行业专家和商业领袖分享他们的见解和经验。他们的实时反馈可以用于调整和更新课程内容。

（四）学生反馈机制

建立一个有效的学生反馈机制，收集学生对课程内容的看法和建议。学生的反馈可以提供宝贵的洞见，帮助识别更新的需求。

（五）技术和工具的最新应用

采用最新的教育技术和工具，如虚拟现实、增强现实和人工智能，以提供更丰富和互动的学习体验。这些工具可以帮助学生以新颖的方式学习和实践。

（六）跨学科内容融合

将商务英语教学与其他学科如经济学、国际关系或数字营销等内容融合。这有助于提供更全面的学习体验。

（七）教师培训和发展

提供持续的教师专业培训，以确保他们了解最新的行业趋势和教学方法。教师的专业成长对于保持课程内容的现代性至关重要。

（八）在线资源库的更新

定期更新在线资源库，包括视频教程、阅读材料和练习题，确保这些资源反映最新的商务英语用法和实际场景。

（九）课程设计的灵活性

在课程设计时留有一定的灵活性，以便根据最新的行业发展和学生需求进行调整。这可以包括可选模块和选修课程的设置。

（十）持续的评估和改进

定期评估课程内容的相关性和有效性，包括课程结构、教学材料和教学方法的综合评估，并根据评估结果进行必要的更新和改进。

通过这些策略，教育机构可以确保商务英语课程内容保持最新，满足学生的学习需求和市场的变化。

八、学习反馈和评估系统

实现一个综合的学习反馈和评估系统，以提供定期的学习报告和进度分析，是提高教学质量和学生学习效果的关键措施。以下是一些实施这一系统的策略。

（一）自动化跟踪系统

开发或引入自动化的学习管理系统（LMS），用于跟踪和记录学生的学习活动，包括参与度、完成的任务和测验成绩。

（二）定期学习报告

系统应定期生成学生的学习报告，包括学习进度、成绩分析和参与情况。这些报告对学生理解自己的学习状况非常有帮助。

（三）进度分析和预测

使用数据分析工具来评估学生的学习进度和成绩趋势。基于历史数据和学习模式，预测学生的未来表现，及早识别可能的学习困难。

（四）个性化反馈机制

提供个性化的反馈，针对学生的具体表现提出建议和指导。反馈应具体、及时，并关注学生的改进空间。

（五）学习资源推荐

根据学生的表现和需求，推荐适合的学习资源和额外材料，如补充阅读、练习题或视频教程。

（六）教师监控和干预

使教师能够监控学生的学习进展，并在必要时进行干预。教师可以基于系统的分析，为学生提供个性化的指导和支持。

（七）互动式评估工具

利用互动式评估工具，如在线测验和互动作业，以增加学生参与度，并提供即时反馈。

（八）学习动态仪表板

为学生和教师提供易于理解的学习动态仪表板，显示关键指标和进度。这有助于学生和教师快速把握学习状况。

（九）学生自我评估工具

提供工具和指导，帮助学生进行自我评估，识别自己的强项和弱点。

（十）定期更新和维护

定期更新和维护评估系统，根据教师和学生的反馈对系统进行优化，确保其准确性和可靠性。

通过这样的学习反馈和评估系统，学生可以更好地了解自己的学习进度和表现，而教师也能有效地监控和指导学生的学习，从而共同促进学习成果的提高。

九、教师培训和支持

为教师提供有关人工智能技术和信息化教学工具的培训和支持是提高教学质量的重要环节。

（一）专业培训课程

设计并提供专门的培训课程，教授教师如何使用人工智能技术和信息化教学工具。这些培训可以涵盖基础操作、高级功能和教学策略。

（二）在线和面对面培训

提供灵活的培训方式，包括在线自学课程、面对面研讨会和工作坊。这可以帮助教师根据自己的时间安排和学习偏好选择最适合的学习方式。

（三）持续的技术支持

建立一个可靠的技术支持系统，包括技术帮助台、在线资源和常见问题解答。这有助于教师在遇到技术问题时快速获得帮助。

（四）案例研究和最佳实践分享

举办案例研究研讨会和最佳实践分享会，让教师了解人工智能技术和信息化教学工具在实际教学中的应用。通过分享成功的经验，鼓励教师积极探索和创新。

（五）同行学习和协作

促进教师之间的同行学习和协作，建立教师学习群。这可以帮助教师共享经验、资源和教学策略。

（六）定期评估和反馈

定期评估培训项目的效果并收集教师的反馈。根据反馈调整培训内容和方法，以满足教师的需求。

（七）鼓励实践和创新

鼓励教师在课堂上实践所学技术，探索并创新的教学方法。提供实践机会，如试点项目或教学创新赛事。

（八）教学资源和模板

提供各种教学资源和模板，帮助教师快速开始使用人工智能和信息化教学工具。这些资源可以包括教案、演示文稿和互动活动设计。

（九）专家指导和咨询

安排经验丰富的专家为教师提供一对一的指导和咨询。这种个性化支持可以解决特定问题和挑战。

（十）继续教育和职业发展

将人工智能和信息化教学工具的使用融入教师的继续教育和职业发展计划。这为教师提供认证和进阶培训机会。

通过这些策略，教育机构可以确保教师充分掌握人工智能技术和信息化教学工具的使用，从而有效地提高教学质量和学生学习体验。

十、保障数据安全和隐私

在构建学习环境时确保学生数据的安全和隐私保护至关重要。随着技术的发展，特别是在使用人工智能和在线学习平台时，对学生数据的保护成为一个重要议题。以下是一些确保数据安全和隐私的关键策略。

（一）遵守数据保护法规

确保所有数据收集和处理活动遵守相关的数据保护法规，如欧盟的《通用数据保护条例》（GDPR）或其他国家的相关法规。

（二）加密技术

使用加密技术保护学生数据的安全，尤其是在传输和存储过程中。这包括使用安全套接字层（SSL）加密进行数据传输和使用强加密标准保护存储的数据。

（三）访问控制和身份验证

实施严格的访问控制措施，确保只有授权的人员能够访问学生数据。使用强密码政策、多因素认证等方式增强账户安全。

（四）定期安全审计和风险评估

定期进行安全审计和风险评估，以识别和修复潜在的安全漏洞。这包括对学习管理系统和其他技术工具的安全检查。

（五）数据最小化原则

只能收集实现教学目标所必需的数据，避免收集不必要的信息。实施数据最小化可以减少数据泄露的风险。

（六）用户培训和意识增强

对学生和教师进行数据保护和网络安全的培训，增强他们对个人数据保护的意识，包括如何安全地处理个人信息。

（七）透明的数据处理政策

对学生和教师清晰地说明数据收集、使用和共享的政策。这可以确保透明性和可问责性。

（八）数据备份和恢复计划

实施数据备份和恢复计划，以防数据丢失或被破坏。定期备份数据并在安全的地点存储备份。

（九）监控和响应机制

监控系统活动，以便及时发现和响应任何可疑行为或安全事件。准备好应急计划，以便在数据泄露或其他安全事件发生时能迅速采取行动。

（十）合作伙伴和供应商的安全要求

确保与学校合作的第三方服务提供商也遵守严格的数据安全和隐私标准。

通过实施这些策略，教育机构可以在构建学习环境的过程中有效地保护学生数据的安全和隐私，还可以构建一个先进的、以学生为中心的商务英语学习环境，充分利用人工智能技术来提高学习效率和效果。

第四节　以学习者为中心的商务英语一体化学习环境构建

构建以学习者为中心的商务英语一体化学习环境，旨在为学生提供一个全面、互动且高效的学习体验。这种环境应结合传统教学方法和现代技术，以满足不同学习者的需求。

一、个性化学习路径

构建个性化学习路径是提高商务英语教育效果的关键策略，尤其是在具有多样化学习需求和背景的学生群体中。个性化学习路径可以帮助每个学生根据自己的能力、兴趣和职业目标获得最适合的教育。

（一）学生能力和需求评估

在学习开始时使用问卷调查、能力测试和一对一访谈来收集相关信息，对学生的语言能力、学习风格和职业目标进行评估。

（二）灵活的课程设计

设计灵活的课程结构，允许学生根据自己的进度和兴趣选择不同的学习模块。灵活的课程设计为不同水平的学生提供不同难度的课程和材料。

（三）个性化学习计划

基于评估结果，为每位学生制订个性化学习计划。这包括个性化的学习目标、推荐课程和进度安排。

（四）自适应学习技术的应用

使用自适应学习技术，如智能教学系统，根据学生的学习反应和进度调整教学内容。这些系统可以提供个性化的学习资源和活动。

（五）持续的进度跟踪与反馈

定期跟踪学生的学习进度并提供详细的反馈，使用在线评估工具来监控学习成果，并及时调整学习计划。

（六）互动学习资源

提供丰富的互动学习资源，如在线讨论、案例研究、模拟练习等，以增强学习体验。这些资源可以根据学生的兴趣和需求进行个性化。

（七）学生自我管理工具

提供工具和平台，支持学生自我管理学习进度和资源。这包括学习计划制订、时间管理和自我评估功能。

（八）专注于实际应用

强调学习内容的实际应用，特别是商务英语在真实商务情境中的使用。结合实际案例和项目工作，提高学生的应用能力。

（九）教师的个性化支持

教师提供个性化指导和支持，根据学生的学习进度和需求调整教学方法。教师的个性化支持包括一对一辅导和个性化反馈。

（十）灵活性和可访问性

确保学习材料和资源具有高度的灵活性和可访问性，适应不同学生的学习习惯和时间安排。

通过实现个性化学习路径，教育机构可以更好地满足学生的个别需求，帮助他们以最有效的方式学习和掌握商务英语及相关技能。

二、互动和参与式教学

互动和参与式教学方法在商务英语教学中非常有效，因为它们能够提高学生的参与度，加强理解和促进实际应用能力的发展。以下是实施互动和参与式教学的一些策略。

（一）小组讨论和合作学习

鼓励学生通过小组讨论和合作学习来共同解决问题，并分享观点。小组活动可以包括案例研究分析、商业模拟游戏或团队项目。

（二）角色扮演和模拟练习

安排角色扮演和模拟练习，如商务会议、谈判和演讲。这种活动有助于学生在实际情境中应用语言和商务技能。

（三）互动式技术工具的应用

利用互动式技术工具，如在线投票、问答应用和教学软件，增加课堂的互动性。这些工具可以提供即时反馈和促进学生的参与。

（四）实时反馈和调整

在课堂上提供实时反馈，根据学生的反应调整教学内容和节奏。及时的反馈和调整有助于确保学习的有效性。

（五）案例研究和实际应用

使用商务相关的实际案例进行教学，让学生分析和讨论。这种方法有助于学生理解理论在实际商业环境中的应用。

（六）互动式作业和项目

互动式作业和项目要求学生进行研究、协作和实际应用。这些活动鼓励学生主动学习，可以提高他们的实践能力。

（七）教师与学生的互动

鼓励教师与学生之间的开放式交流，建立积极的师生互动。教师应倾听学生的意见，并鼓励他们提出问题和挑战。

（八）课堂讨论和辩论

定期举行课堂讨论和辩论，让学生围绕特定主题表达自己的观点。这有助于提高学生的批判性思维和表达能力。

（九）嘉宾讲座和行业专家互动

邀请行业专家和商务专业人士进行嘉宾讲座，并与学生进行互动。这可以为学生提供从业者的视角和实际经验。

（十）反馈和评价机制

设置有效的反馈和评价机制，让学生能够评价教学方法和课程内容。这种反馈有助于教师不断改进教学方法。

通过这些互动和参与式教学策略，教师可以更好地吸引学生的注意力，提高他们的学习动力，并增强教学的实际应用价值。

三、技术集成

在商务英语教学中，技术集成是提升学习体验和教学效果的关键。通过整合各种技术工具和平台，可以创造一个更丰富、更互动的学习环境。

（一）在线学习平台

利用在线学习管理系统（LMS），如 Moodle、Canvas 或 Blackboard，为学生提供一个集中的学习空间。这些平台可以用于发布课程材料、作业、测验，以及促进学生互动。

（二）移动学习应用

提供或推荐专门的移动学习应用，支持学生随时随地学习。应用可以包括语言学习工具、词汇练习和口语模拟等。

（三）互动式多媒体内容

利用视频、音频、动画和互动图表等多媒体内容来丰富教学材料。这些内容可以增强学生的学习兴趣和理解。

（四）虚拟现实（VR）和增强现实（AR）

使用 VR 和 AR 技术为学生提供沉浸式的学习体验，如模拟商务会议或国际贸易场景。这些技术可以帮助学生以实践方式学习商务英语。

（五）协作工具

集成在线协作工具，如 Google Docs、Trello 和 Slack，支持学生团队合作和项目管理。这些工具可以提高团队项目的效率和有效性。

（六）自适应学习系统

使用基于 AI 的自适应学习系统，根据学生的学习行为和成绩自动调整学习内容。这种个性化的方法可以提高学习效率。

（七）互动讨论和反馈平台

利用论坛、讨论板或即时反馈系统，鼓励学生之间的讨论和教师的及时反馈。这种即时交流有助于增强学生的参与度和学习动力。

（八）数据分析工具

利用数据分析工具来跟踪和评估学生的学习进度和成效。这些数据有助于教师作出更有针对性的教学调整。

（九）网络安全和隐私保护

在所有技术集成中确保网络安全和学生隐私的保护。这包括使用加密通信、数据保护协议和遵守相关法律法规。

（十）教师培训和技术支持

提供教师培训和持续的技术支持，以确保教师能够有效使用各种教育技术。这对于技术集成的成功至关重要。

通过这些策略，可以有效地将技术集成到商务英语教学中，从而提供一个更加动态和互动的学习环境。

四、实际案例和模拟练习

结合真实商务案例和模拟商务情境是提高商务英语教学效果的有效方法。这种方法不仅增强了学习的实际应用性，还提高了学生的参与度和兴趣。以下是一些实施这种教学方法的策略。

（一）真实案例研究

利用来自真实商业世界的案例，如成功的营销策略、国际交易案例、商业冲突解决等，让学生分析案例，讨论策略并提出自己的见解。

（二）角色扮演和模拟练习

安排角色扮演活动和模拟练习，如商务谈判、客户会议、产品演示等。这些活动可以让学生在实践中应用商务英语和商业知识。

（三）小组讨论和项目

鼓励学生通过小组讨论和协作项目来解决商业问题或开发新的商业计划。通过团队合作，学生可以学习如何在商务环境中有效沟通和协作。

（四）互动式学习工具

利用互动式学习工具，如在线模拟软件或游戏、模拟商务环境和情境。这些工具可以提供更生动、真实的学习体验。

（五）客座讲座和实地考察

邀请商业专家进行客座讲座，分享他们的经验和挑战。安排实地考察到公司或商业活动，让学生亲身体验商业环境。

（六）视频和其他多媒体材料

使用视频、录像和其他多媒体材料来展示真实的商务场景。视频材料可以包括商务会议记录、企业文档和实际商业活动。

（七）实际案例撰写和分析

鼓励学生撰写基于实际商业事件的案例分析报告。这种活动可以提高学生的研究、分析和批判性思维能力。

（八）反馈和评价

在模拟活动后提供反馈和评价，帮助学生了解自己的表现和改进空间，可以通过同伴评价、教师反馈或自我评估进行。

（九）跨文化交流技能培养

在模拟商务情境中融入跨文化交流元素，让学生了解不同文化背景下的商业礼仪和沟通方式。

（十）持续的课程更新

定期更新与调整商务案例和模拟情境，确保它们能够反映当前的商业趋势和实践。

通过这些策略，学生可以在类似真实的商务环境中学习和练习商务英语，这将极大地提高他们的语言技能和商业理解能力。

五、跨文化沟通技能培养

强调跨文化交流的重要性，并通过各种活动让学生了解和适应不同文化背景下的商务交流，这是国际商务英语教学中的一个重要方面。

（一）跨文化案例研究

选择反映不同文化背景和商业习惯的案例研究，让学生分析和讨论。案例可以包括国际贸易、全球市场营销策略、跨国公司管理等。

（二）角色扮演和模拟练习

设计角色扮演活动和模拟练习，如国际谈判、跨文化团队会议等。通过这些活动，学生可以在实际情境中练习并体验不同文化背景下的交流方式。

（三）文化多样性讨论

安排课堂讨论，让学生分享和探讨自己的文化背景和商业习惯。通过这种多元文化视角的交流，学生可以增强对不同文化的理解和尊重。

（四）客座讲座和研讨会

邀请具有不同文化背景的商业专家和学者进行客座讲座和研讨会。这些活动可以为学生提供实际的行业见解和跨文化交流经验。

（五）跨文化沟通技能培训

提供专门的跨文化沟通技能培训，包括语言表达、非语言沟通、商务礼仪等。这些培训有助于学生在国际商务环境中更有效地沟通和交流。

（六）多媒体和在线资源

利用视频、电影、播客和在线文章等多媒体和在线资源，展示不同文化的商务实践。这些资源可以增加学习的趣味性和实效性。

（七）国际合作项目

与不同国家的学校和机构合作，开展国际合作项目。这些项目可以让学生与来自不同文化背景的同学合作，实际体验跨文化工作环境。

（八）实地考察和交换项目

安排国际实地考察和交换项目，让学生亲身体验不同的商业文化和工作环境。这些体验对于增强跨文化理解非常宝贵。

（九）反思和自我评估

鼓励学生在跨文化交流活动后进行反思和自我评估，以提升自己的跨文化交流能力。

（十）多语种学习支持

鼓励学生学习和了解其他语言，以增强跨文化交流的能力。

通过上述策略，学生不仅能够提高商务英语能力，还能培养在多元文化环境中有效沟通和工作的关键技能。

六、合作学习和团队工作

合作学习和团队工作是提升学习效果和发展关键职业技能的重要教学策略，在商务英语教育中尤为关键。

（一）分组合作项目

将学生分成小组，让他们在商务相关的项目上合作，如市场分析报告、商业计划书或案例研究。这种小组活动鼓励学生共享知识、协调工作并共同解决问题。

（二）角色分配

在团队项目中为每位成员分配不同的角色和职责，如团队领导、研究员、演讲者等。这有助于学生了解团队中不同角色的重要性并发展领导能力。

（三）多样化团队组成

鼓励形成多样化的团队，包括不同学术背景、文化和技能的成员。这种多样性可以促进创新思维和跨文化交流。

（四）互动式学习活动

设计互动式学习活动，如团队辩论、研讨会和工作坊，增强团队合作经验。这些活动提供了共同工作和学习的机会。

（五）技术支持

利用在线协作工具和平台（如 Google Docs、Trello、Slack 等）来促进团队协作和沟通。这些工具可以帮助团队有效地管理项目和共享资源。

（六）定期反馈和评估

对团队项目进行定期反馈和评估，帮助团队了解他们的进展和改进空间。反馈可以来自同伴、教师或外部评审者。

（七）团队建设活动

安排团队建设活动，如团队挑战、户外活动或社交活动，以增强团队凝聚力和合作精神。这些活动有助于建立信任和沟通。

（八）跨文化团队工作

鼓励学生在具有不同文化背景的团队中工作，以提高他们的跨文化沟通能力。这对于准备在国际环境中工作的学生尤其重要。

（九）问题解决和冲突管理

教授学生问题解决和冲突管理技巧，以便他们能够在团队工作中有效地应对挑战。这些技能对于任何职业都是必需的。

（十）实际案例和模拟练习

通过商务相关的实际案例和模拟练习来增强学生的实践经验。这种方法可以帮助学生将理论知识应用于实际情境。

通过实施这些策略，学生不仅能够提高他们的商务英语能力，还能发展团队合作、沟通、领导和问题解决等关键职业技能。

七、持续的反馈和支持

在教学过程中，提供持续的反馈和支持对于学生的学习发展至关重要。特别是在商务英语等应用性强的课程中，持续反馈可以帮助学生及时了解自己的进步和需要改进的地方。

（一）定期个人反馈

安排定期的个人反馈会议，让教师可以与学生一对一讨论他们的进展、挑战和目标。这可以包括对学生作业、项目和演讲的具体反馈。

（二）在线反馈系统

利用在线平台，如学习管理系统（LMS），为学生提供即时和持续的反馈。这可以包括自动化的测验反馈、作业评语和进度跟踪。

（三）同伴评价和反馈

鼓励同伴评价，让学生在小组活动或项目中相互评价和提供反馈。同伴评价可以提高学生的批判性思维能力和自我反思能力。

（四）互动式课堂活动

在课堂上进行互动式活动，如小组讨论、角色扮演和即时问答，以促进学生的参与，并提供及时反馈。这种互动有助于学生立即理解和应用新知识。

（五）定期学习报告

提供定期学习报告，总结学生的整体表现、进步和待改进的领域。这有助于学生更好地了解自己的学习状况。

（六）支持性资源和指导

提供额外的学习资源和指导，如补充阅读材料、在线教程和学习工作坊。这些资源可以帮助学生在需要时获得额外的支持。

（七）建立反馈文化

在教学中建立积极的反馈文化，鼓励学生积极提问和寻求帮助。这有助于营造一个支持性和开放的学习环境。

（八）教师培训和发展

为教师提供关于如何有效提供反馈和支持的培训和专业发展机会。教师的技能和方法对于提供有效反馈至关重要。

（九）学生自我评估工具

提供自我评估工具，帮助学生评估自己的学习进度和技能发展。自我评估可以增强学生的自主学习能力。

（十）及时响应和沟通渠道

确保教师对学生的问题和关切有及时的响应。提供多种沟通渠道，如电子邮件、办公室时间和在线论坛。

通过实施这些策略，教师可以为学生提供必要的反馈和支持，帮助他们在学习过程中持续进步。

八、职业导向和实习机会

提供与商务英语相关的职业指导和实习机会对于学生将课堂所学应用于实际工作环境至关重要。这不仅有助于学生理解商务英语在现实世界中的应用，还能提供宝贵的职业经验。

（一）职业规划研讨会

定期举办职业规划研讨会，让学生了解不同的商务英语职业路径，如国际贸易、市场营销、跨国公司管理等。这些研讨会可以邀请行业专家和校友分享他们的经验和建议。

（二）实习机会匹配

与企业合作，为学生提供实习机会，让他们在真实的商务环境中实践所学。通过实习，学生可以获得实际工作经验并应用商务英语技能。

（三）职业指导和咨询服务

提供职业指导和咨询服务，帮助学生根据个人兴趣和职业目标选择合适的实习和就业机会。职业指导和咨询服务包括简历写作、面试技巧培训和职业规划。

（四）校企合作项目

与企业合作开展项目，让学生参与真实的商业项目中。这种合作可以是市场研究、产品开发或商业策略规划等。

（五）职业发展工作坊

举办职业发展工作坊，专注于商务沟通、团队合作、领导力培养等技能的提升。这些技能对于商务英语职业发展至关重要。

（六）行业交流活动

定期举办行业交流活动和网络会议，让学生与商务英语领域的专业人士交流。这些活动有助于学生建立专业网络并了解行业动态。

（七）跨文化交流项目

利用跨文化交流项目，如国际学生交换或海外学习项目，提升学生的国际视野和跨文化沟通能力。这对于在全球化商务环境中工作的学生尤其重要。

（八）在线职业资源

提供在线职业资源，如行业报告、职业发展指南和就业信息。这些资源可以帮助学生更好地了解行业需求和职业发展机会。

（九）实际案例和项目

整合实际商务案例和项目到课程中，让学生理解理论在实际工作中的应用。这样的实践经验有助于学生在未来的职业生涯中应用所学。

（十）跟踪和评估

跟踪学生的实习和职业发展过程，评估实习和职业指导活动的效果。

基于反馈和评估结果持续改进职业发展服务。

通过这些策略，学生不仅能够将商务英语应用于实际工作环境，还能为未来的职业生涯做好准备。

九、灵活的学习模式

提供灵活的学习模式，包括全日制、兼职、远程和混合式学习，以适应不同学生的需求，是一种很好的教育策略。

（一）全日制学习

这是传统的学习方式，学生在校园内全天上课，通常需要全职投入。它适合那些有足够时间和资源、可以全身心投入学习的学生。

（二）兼职学习

兼职学习允许学生在工作或其他承诺之余追求学位。这种方式使学生能够赚取学费或获取实际工作经验，同时能继续学习。

（三）远程学习

远程学习通过互联网技术和在线教育平台让学生能够在任何地方学习。这种方式适用于那些无法前往学校校园的学生，或者需要更大的时间灵活性的人。

（四）混合式学习

混合式学习结合了传统课堂教育和在线学习元素，学生可以参加一部分面对面课程，一部分在线学习，从而兼顾了互动和灵活性。

这些不同的学习模式可以根据学生的需求和情况进行选择，以满足他们的学术目标和生活要求。学校和其他教育机构可以通过提供多样化的课程安排，支持学生在不同模式之间灵活切换，以便他们更好地平衡学业、工作和生活。这种个性化的方法有助于提高学生的学术成绩和满意度。

十、教师培训和发展

对教师进行持续的专业，发展其专业能力，是提高教育质量的关键因素之一。以下是一些确保教师具备最新的教学方法和技术使用技能的方法。

（一）专业发展计划

学校和教育机构可以制订专业发展计划，为教师提供机会参加研讨会、工作坊、课程和培训，以提高他们的教学技能。这些计划应该涵盖各个学科和教学领域。

（二）教育技术培训

随着技术的不断发展，教育技术在教学中扮演着越来越重要的角色。教师需要了解如何有效地使用教育技术工具和在线教学平台，因此，提供与之相关的培训至关重要。

（三）定期评估和反馈

学校管理层和领导应定期对教师的教学进行评估，并提供有针对性的反馈。这有助于教师识别并改进他们的弱点，以提高教学质量。

（四）合作和资源共享

学校可以鼓励教师之间的合作和资源共享，这可以通过建立教师社区、分享最佳实践和教材资源来实现，从而促进专业发展。

（五）个性化学习计划

了解每位教师的需求和兴趣，制订个性化的专业发展计划。不同的教师可能需要不同类型的培训和支持。

（六）参与学术研究和创新项目

鼓励教师参与学术研究和创新项目，以推动教育领域的发展。这可以通过提供研究资金和资源来实现。

（七）跟踪最新趋势和研究

学校管理层和教育决策者应该密切关注教育领域的最新趋势和研究，以确保教师获得最新的教育知识。

通过持续的专业发展和培训，教师可以不断提升他们的教学技能，保持对新教育方法和技术的了解，并为学生提供高质量的教育。这有助于提高学生的学术成绩和教育体验。

通过实施这些策略，可以构建一个以学习者为中心的商务英语一体化学习环境，不仅可以提高学生的语言技能，还能培养他们在真实商务环境中所需的综合能力。

参考文献

［1］金焕荣.商务英语阅读［M］.苏州：苏州大学出版社，2022.

［2］高伟.商务英语口语实训教程［M］.成都：四川大学出版社，2022.

［3］杨红，邱婉宁.国际商务英语：谈判与函电［M］.北京：机械工业出版社，2022.

［4］董晓波.新时代商务英语翻译［M］.北京：北京对外经济贸易大学出版社，2022.

［5］金焕荣.商务英语翻译［M］.苏州：苏州大学出版社，2022.

［6］王文捷，白佳芳.商务英语听力2：第2版［M］.重庆：重庆大学出版社，2020.

［7］耿民.商务英语阅读：基础篇：第2版［M］.北京：对外经济贸易大学出版社，2022.

［8］孙志祥，朱义华.商务英语应用文写作［M］.苏州：苏州大学出版社，2022.

［9］王瑞辑.商务英语教学理论与实践应用研究［M］.长春：吉林出版集团股份有限公司，2022.

［10］王政宪.商务英语邮件范文大全＋常用句型模板［M］.北京：北京语言大学出版社，2022.

［11］王占斌.商务英语写作［M］.天津：南开大学出版社，2021.

［12］杨晓斌.商务英语写作：第3版［M］.北京：北京对外经济贸易大学出版社，2021.

［13］孙莹.国际商务英语［M］.北京：机械工业出版社，2021.01.

［14］苏根英，田建平.商务英语文体分类阅读［M］.天津：南开大学出版社，2021.

［15］黄秋凤，曾密群.商务英语演讲实用教程［M］.重庆：重庆大学出版社，2021.

［16］张启途，郭艳利.商务英语函电［M］.北京：北京对外经济贸易大学出版社，2021.

［17］赵惠.人机交互商务英语翻译［M］.北京：北京对外经济贸易大学出版社，2021.

［18］崔玉梅.商务英语口译：第2版［M］.重庆：重庆大学出版社，2021.

［19］曾葳.商务英语教学与模式创新研究［M］.西安：西北工业大学出版社，2021.

［20］刘静.跨境电子商务英语人才的培养研究［M］.北京：中国纺织出版社，2021.

［21］侯佳，朱豫，罗焕.商务英语［M］.成都：电子科技大学出版社，2020.

［22］张曦月.商务英语［M］.长沙：湖南师范大学出版社，2020.

［23］马宾.商务英语报刊选读［M］.苏州：苏州大学出版社，2020.

［24］刘炎.商务英语翻译的艺术［M］.天津：天津科学技术出版社，2020.

［25］智慧.商务英语笔译与口译［M］.西安：西北工业大学出版社，2020.

［26］江春.高级商务英语听说：第4版［M］.北京：对外经济贸易大学出版社，2020.

［27］王茹，李新国.现代商务英语写作实务［M］.北京：对外经济贸易大学出版社，2020.

［28］王文捷，莫晨莉.商务英语听力1：第2版［M］.重庆：重庆大学出版社，2020.

［29］洪菁，陈淑霞.国际商务英语函电：（第4版）［M］.北京：对外经济贸易大学出版社，2020.